AF523889

Jordi Peidro
Mauthausen

Aus dem Spanischen
von Manfred Gmeiner

Originaltitel: *Esperaré siempre tu regreso*
Erschienen bei: Desfiladero Ediciones

ISBN: 978-3-903022-88-1
2. Auflage | bahoe books | Wien 2019

bahoe books
Fischerstiege 4–8/2/3
1010 Wien

bahoebooks.net

Jordi Peidro

MAUTHAUSEN

bahoe books

BALKAN

AUGUST 1992.

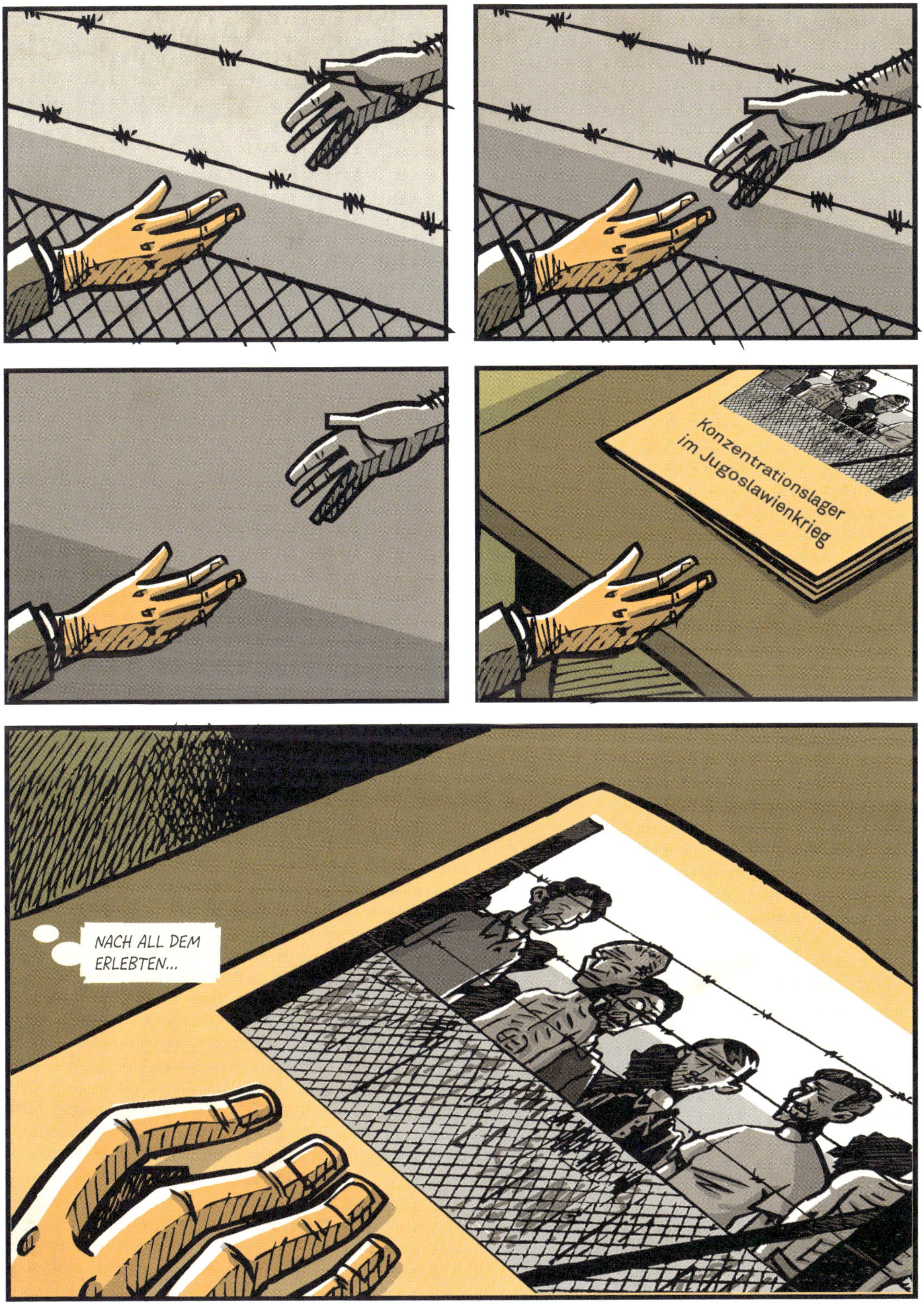

NACH ALL DEM ERLEBTEN...

...NACH ALLEM, WAS DIE WELT ERLITTEN HAT...

...FANGEN WIR IMMER WIEDER VON VORNE AN.

WAS IST LOS MIT UNS?

HABEN WIR IN ALL DER ZEIT NICHTS GELERNT?

ERINNERUNGEN

MÄRZ 2001.

FESTSAAL DER UNIVERSITÄT.

¡PLAS!
¡PLAS!
¡PLAS!
¡PLAS!
¡PLAS!
¡PLAS!
¡PLAS!
¡PLAS!

¡PLAS! ¡PLAS! ¡PLAS! ¡PLAS!
¡PLAS! ¡PLAS! ¡PLAS! ¡PLAS! ¡PLAS!
¡PLAS! ¡PLAS! ¡PLAS!

GUTEN TAG, HERR AURA.
ICH FREUE MICH HEUTE HIER ZU SEIN UND IHRE LEBENSGESCHICHTE ZU HÖREN. ICH WÜRDE SIE GERNE FRAGEN:
WENN SIE ZURÜCKBLICKEN, WAS IST IHRE STÄRKSTE ERINNERUNG?

PFOAH!
...ES IST SO VIEL GESCHEHEN.
...ABER TROTZ DER ZEIT, DIE VERGANGEN IST, IST MEINE ERINNERUNG GANZ KLAR...

NUN, VON ALLDEM WAS PASSIERT IST...
...WAS MICH AM MEISTEN GEPRÄGT HAT...
...OBWOHL...
...VIELLEICHT IST ES BESSER, ICH FANGE VON VORNE AN.

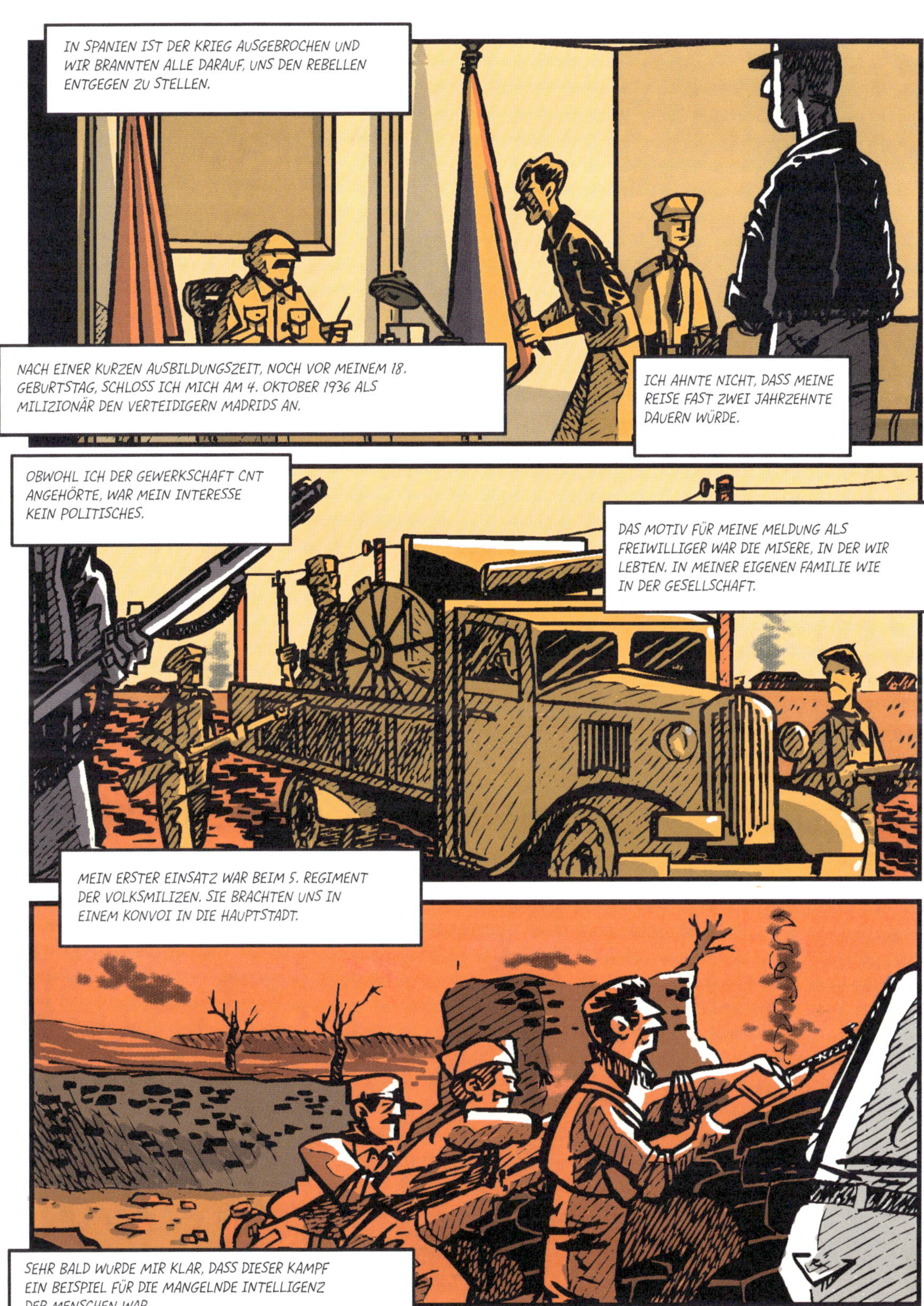
IN SPANIEN IST DER KRIEG AUSGEBROCHEN UND WIR BRANNTEN ALLE DARAUF, UNS DEN REBELLEN ENTGEGEN ZU STELLEN.
NACH EINER KURZEN AUSBILDUNGSZEIT, NOCH VOR MEINEM 18. GEBURTSTAG, SCHLOSS ICH MICH AM 4. OKTOBER 1936 ALS MILIZIONÄR DEN VERTEIDIGERN MADRIDS AN.
ICH AHNTE NICHT, DASS MEINE REISE FAST ZWEI JAHRZEHNTE DAUERN WÜRDE.
OBWOHL ICH DER GEWERKSCHAFT CNT ANGEHÖRTE, WAR MEIN INTERESSE KEIN POLITISCHES.
DAS MOTIV FÜR MEINE MELDUNG ALS FREIWILLIGER WAR DIE MISERE, IN DER WIR LEBTEN. IN MEINER EIGENEN FAMILIE WIE IN DER GESELLSCHAFT.
MEIN ERSTER EINSATZ WAR BEIM 5. REGIMENT DER VOLKSMILIZEN. SIE BRACHTEN UNS IN EINEM KONVOI IN DIE HAUPTSTADT.
SEHR BALD WURDE MIR KLAR, DASS DIESER KAMPF EIN BEISPIEL FÜR DIE MANGELNDE INTELLIGENZ DER MENSCHEN WAR.

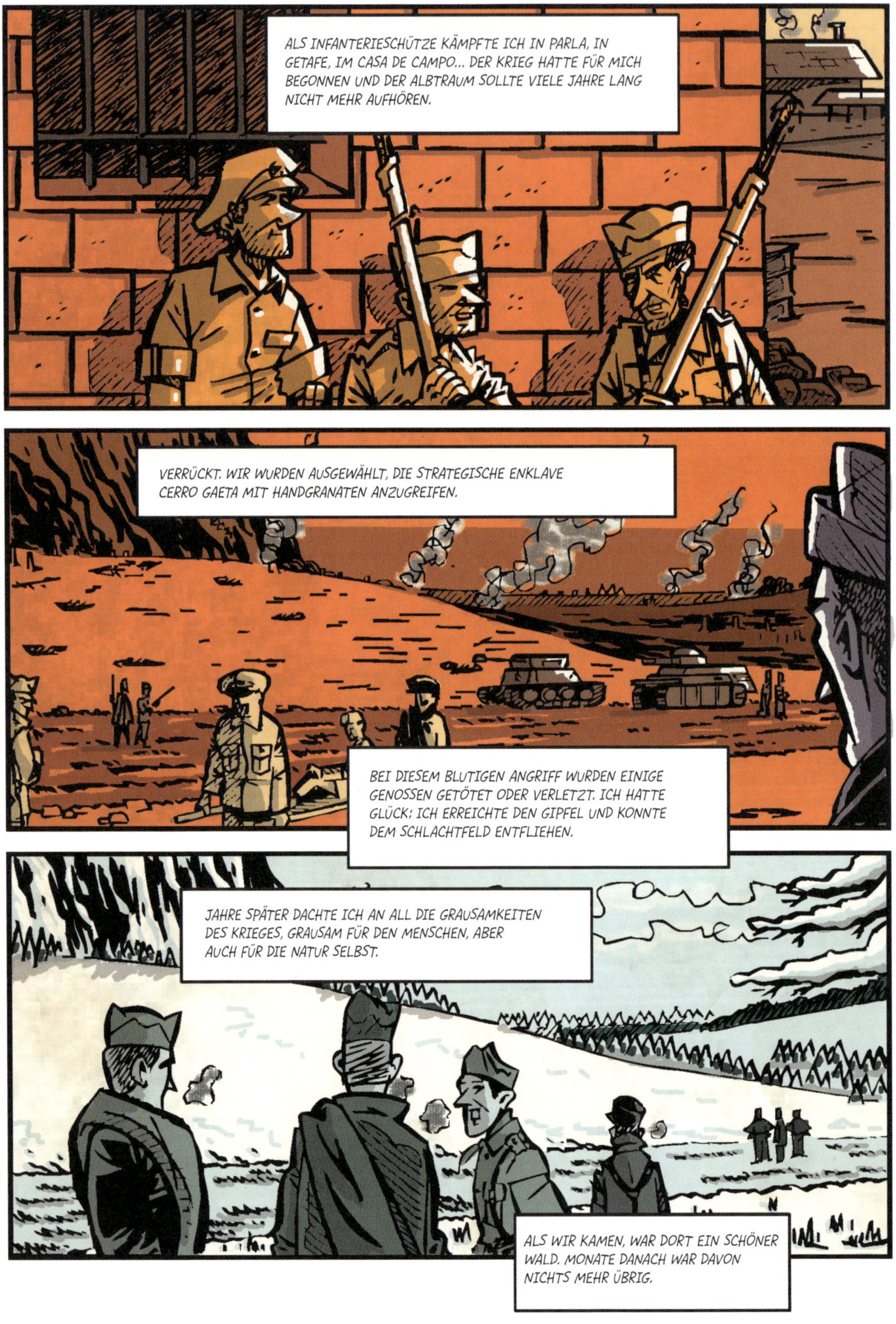

VERRÜCKT. WIR WURDEN AUSGEWÄHLT, DIE STRATEGISCHE ENKLAVE CERRO GAETA MIT HANDGRANATEN ANZUGREIFEN.

BEI DIESEM BLUTIGEN ANGRIFF WURDEN EINIGE GENOSSEN GETÖTET ODER VERLETZT. ICH HATTE GLÜCK: ICH ERREICHTE DEN GIPFEL UND KONNTE DEM SCHLACHTFELD ENTFLIEHEN.

JAHRE SPÄTER DACHTE ICH AN ALL DIE GRAUSAMKEITEN DES KRIEGES, GRAUSAM FÜR DEN MENSCHEN, ABER AUCH FÜR DIE NATUR SELBST.

ALS WIR KAMEN, WAR DORT EIN SCHÖNER WALD. MONATE DANACH WAR DAVON NICHTS MEHR ÜBRIG.

WÄHREND DES KRIEGES WURDE ICH DREI MAL VERLETZT. DAS ERSTE MAL BEI DER VERTEIDIGUNG MADRIDS; EIN BEINSCHUSS, DER NOCH AUF DEM SCHLACHTFELD BEHANDELT WURDE.

DAS ZWEITE MAL BEI MEINEM NÄCHSTEN EINSATZ, DER SCHLACHT VON BRUNETE, DAS WAR IM JULI 1937.

VON DORT, BEREITS 1938, GING ES IN DEN OSTEN, ZUR SCHLACHT AM EBRO.
BAOUM!! BAOUM!!
BAOUM!! BAOUM!!
DORT WURDE ICH AM SCHWERSTEN VERLETZT, NOCH HEUTE HABE ICH SPLITTER IM KÖRPER. LASST MICH ERZÄHLEN...

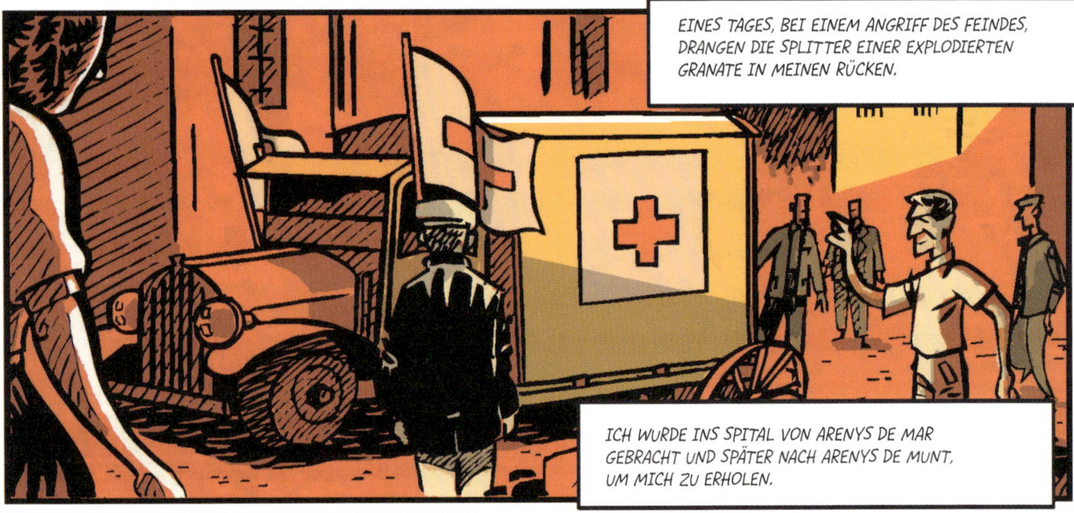

* FRANCOS MAROKKANISCHE SÖLDNER. HEUTE EIN RASSISTISCH KONNOTIERTER BEGRIFF.

EXIL

WIE VIELE ANDERE GING
ICH VON BARCELONA
NACH FRANKREICH.

PORTBOU, FEBRUAR 1939.

Fra
Lib

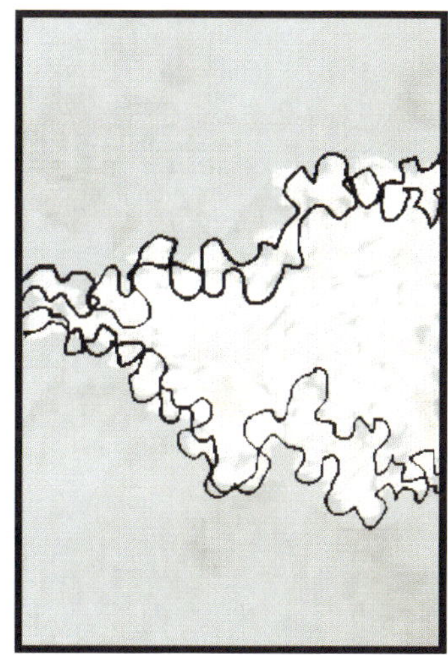

ICH ÜBERSCHRITT DIE GRENZE AM 7. FEBRUAR 1939, UND KAM DIREKT INS LAGER ARGELÈS AN DER KÜSTE.

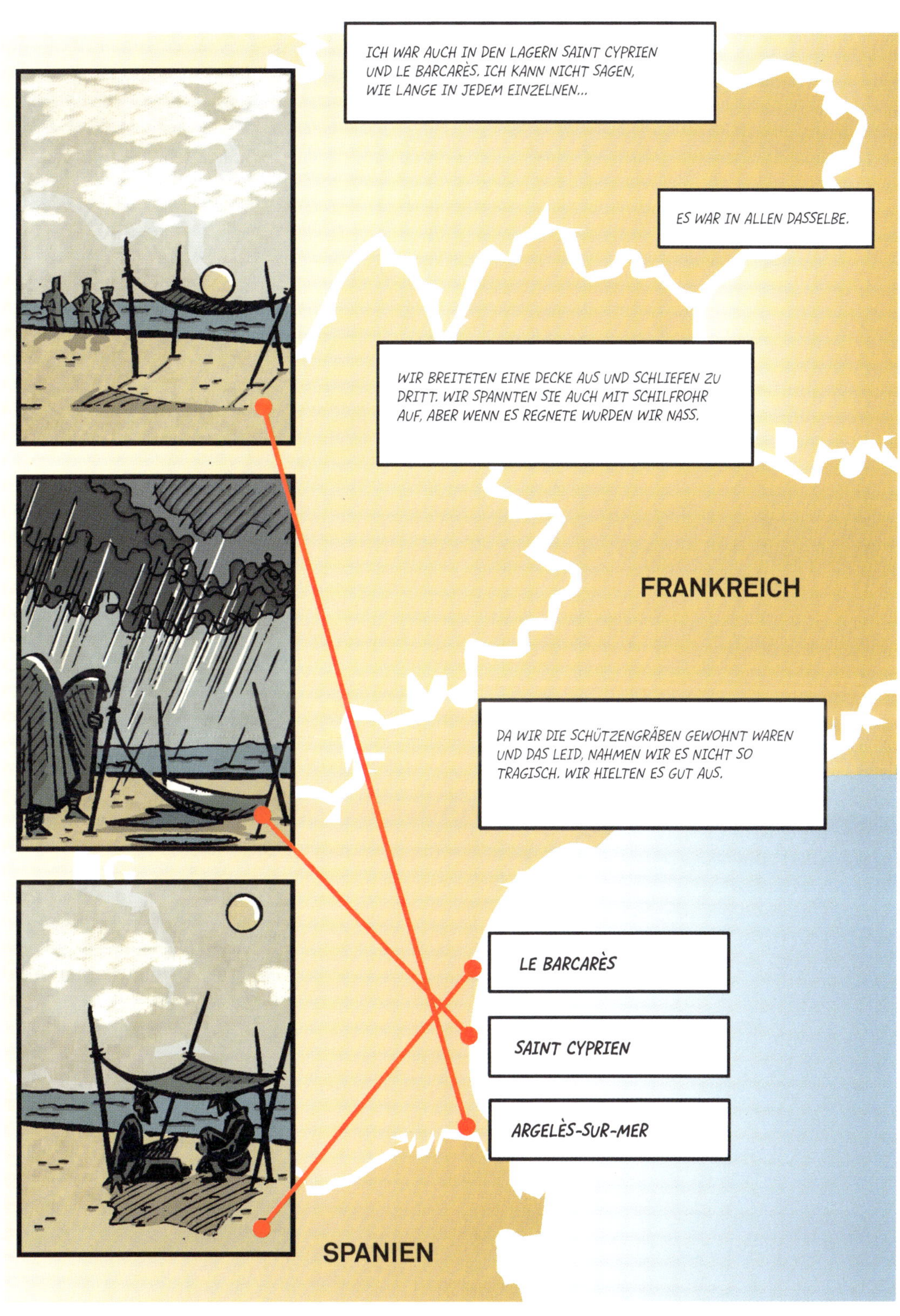
ICH WAR AUCH IN DEN LAGERN SAINT CYPRIEN UND LE BARCARÈS. ICH KANN NICHT SAGEN, WIE LANGE IN JEDEM EINZELNEN...
ES WAR IN ALLEN DASSELBE.
WIR BREITETEN EINE DECKE AUS UND SCHLIEFEN ZU DRITT. WIR SPANNTEN SIE AUCH MIT SCHILFROHR AUF, ABER WENN ES REGNETE WURDEN WIR NASS.
FRANKREICH
DA WIR DIE SCHÜTZENGRÄBEN GEWOHNT WAREN UND DAS LEID, NAHMEN WIR ES NICHT SO TRAGISCH. WIR HIELTEN ES GUT AUS.
LE BARCARÈS
SAINT CYPRIEN
ARGELÈS-SUR-MER
SPANIEN

FÜR UNS WAR DAS ALLES NORMAL. DER KRIEG WAR AUS, WIR WAREN DER GEFAHR ENTKOMMEN UND AM STRAND ZU SEIN, WAR EINE ERHOLUNG.

DEN ZIVILISTEN, DIE AUS ANGST VOR REPRESSALIEN VON ZU HAUSE GEFLOHEN WAREN, FIEL IHR AUFENTHALT DAGEGEN VIEL SCHWERER.

DIE FRANZOSEN SELBST SAHEN DIE ANWESENHEIT DIESER ROTEN TEUFEL IN DER NÄHE IHRER HÄUSER NICHT SO GERN.
SCHAU SIE DIR AN. SICHER SIND DIE DAS, DIE VON UNSEREN FELDERN STEHLEN.

RICHTIG! VON DIESEN FLÜCHT-LINGEN KANN MAN NICHTS GUTES ERWARTEN.
AN DEINER STELLE WÜRDE ICH AUFPASSEN. DU HAST TÖCHTER. DU WILLST DIR SICHER KEINEN VON DENEN AUFHALSEN!

MIT DER ZEIT LERNTEN SIE UNS SCHÄTZEN, WEGEN UNSERER ARBEITSKRAFT UND UNSERER BEREITSCHAFT DIE SCHWERSTEN ARBEITEN ZU ERLEDIGEN.
TROTZDEM...

PARIS, NATIONALVERSAMMLUNG.

HERR YBARNEGARAY! KÖNNEN SIE EINIGE FRAGEN BEANTWORTEN?
JEAN YBARNEGARAY. FRANZÖSISCHER ABGEORDNETER MIT NÄHE ZUR EXTREMEN RECHTEN.

WAS DENKEN SIE ÜBER DIE SITUATION DER SPANISCHEN FLÜCHTLINGE IN DEN LAGERN IN SÜDFRANKREICH?

ICH GLAUBE FEST DARAN, DASS DIESES PROBLEM DIE FRANZÖSISCHE REGIERUNG NICHTS ANGEHT.

NACH MEINEM DAFÜR-HALTEN IST DIE LÖSUNG GANZ EINFACH. ALLE AUF EIN SCHIFF UND HINAUS AUF DEN ATLANTIK.

INZWISCHEN WURDEN DIE ZUSTÄNDE IN DEN LAGERN IMMER SCHLIMMER.
ES GAB FAST NICHTS ZU ESSEN UND KEIN GEWAND, KAUM HYGIENE UND MEDIKAMENTE FEHLTEN GÄNZLICH, SO WAR ES EIN LANGSAMES TODESURTEIL.
ABER...

...DANN KAMEN SIE.

KRIEG

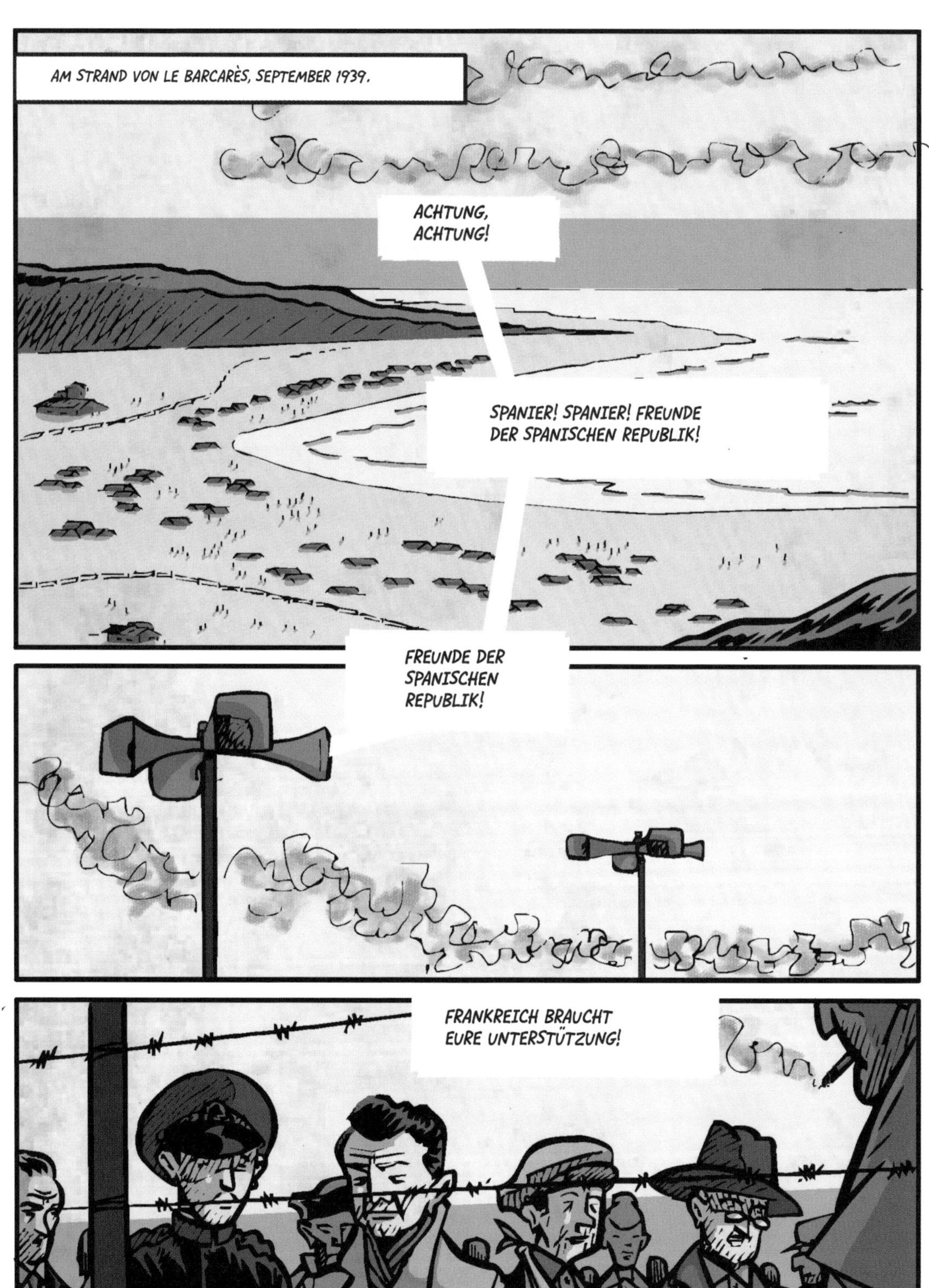
AM STRAND VON LE BARCARÈS, SEPTEMBER 1939.
ACHTUNG, ACHTUNG!
SPANIER! SPANIER! FREUNDE DER SPANISCHEN REPUBLIK!
FREUNDE DER SPANISCHEN REPUBLIK!
FRANKREICH BRAUCHT EURE UNTERSTÜTZUNG!

*GROUPEMENTS DE TRAVAILLEURS ÉTRANGERS, GTE

ANBETRACHT DER MÖGLICHKEITEN, WAR ICH NACH KURZEM NACH-DENKEN SICHER.
ICH WÄRE LIEBER ZUM FRANZÖSCHEN HEER GEGANGEN, ZU DEN SELBEN BEDINGUNGEN WIE DIE FRANZOSEN. ABER DAS WURDE UNS NICHT ANGEBOTEN.
ICH WAR KEIN SÖLDNER. DIE LEGION WAR NICHTS FÜR MICH.
AUCH FÜR DIE MARSCHBATAILLONE GAB ES NICHT ALLZU VIELE FREIWILLIGE.
ALS DIE FRANZOSEN SAHEN WAS GESCHAH, SCHICKTEN SIE UNS IN EINE GTE.

MAGINOT-LINIE

SEPTEMBER 1939.

FRANCISCO AURA
BORONAT.
AUGA BOGONAT?
JA MEIN HERR.
SOLL ICH ES
BUCHSTABIEREN?

MEINE GTE HATTE DEN AUFTRAG, VERTEIDIGUNGSANLAGEN ZU
VERSTÄRKEN UND DIE VERBINDUNGSINFRASTRUKTUR ZU REPARIEREN.

UND SO BRACHEN WIR IN
UNBEQUEMEN LASTWÄGEN AUF.

SEEALPEN,
BELGISCHE GRENZE.

ZUERST ERWEITERTEN UND REPARIERTEN WIR STRASSEN, ABER SEHR BALD SCHICKTEN SIE UNS ZU IHRER PRUNKVOLLEN MAGINOT-LINIE.

UNSERE ARBEIT BESTAND AUS DER VORBEREITUNG DER FESTUNGSANLAGEN.

WIR RICHTETEN DIE PLÄTZE HER, UM WEITERE ARTILLERIE, PANZERABWEHR UND ANDERE WAFFEN ZU STATIONIEREN.

LUFTANGRIFF! IN DECKUNG!!

BZZZZZZZZZZZZZZZZZZZ!!

MANCHMAL ERHIELTEN WIR BESUCH VON DEN STUKAS.

ABER DORT WAR ALLES GEPANZERT UND AUS STAHLBETON GEBAUT.
BAOUM!!
BAOUM!!
BAOUM!!
BAOUM!!

HEUTE SIND SIE
ABER LÄSTIG!
BAOUM!!
DAS MÜSSEN SIE VON
DEN FASCHISTEN DORT
DRÜBEN HABEN!
BAOUM!!
SO FÜHLTEN WIR
UNS, GENAUGENOM-
MEN, NIE WIRKLICH
GEFÄHRDET.

DIE BOMBEN WAREN NICHT ANDERS ALS DIE
SPANISCHEN, UND WIR HATTEN KEINE ANGST MEHR.

DIE FRANZOSEN WAREN SEHR
STOLZ AUF IHR WERK.

NIEMAND WIRD DORT IN IHR
LAND EINDRINGEN KÖNNEN.

DAS DAUERTE UNGEFÄHR ZEHN MONATE, BIS
MITTE JUNI 1940, MEHR ODER WENIGER.
SPÄTER ERZÄHLTEN SIE UNS, DASS EINIGE
FRANZÖSISCHE BEFEHLSHABER ZUM
FEIND ÜBERGELAUFEN SIND...

...UND DIE SCHWACHSTELLEN
DER LINIE VERRATEN HABEN.

UND DORT BEGANN DIE INVASION.

UNSERE NAHELIEGENDSTE
OPTION WAR DER RÜCKZUG.

OHNE WAFFEN KONNTEN WIR NICHTS AUSRICHTEN.

SCHON GAR NICHT, WENN DIE HAUSHERREN
DIE TÜR SPERRANGELWEIT OFFEN LIESSEN.

WIR KAMEN BIS ZUR
SCHWEIZER GRENZE.

WIR WOLLTEN SCHAUEN,
OB WIR RÜBER KOMMEN.
STOP!
PASSEPORTS!

WIR SIND
SOLDATEN!
SPANISCHE
REPUBLIKANER!

CRRC!!

OHNE REISEPASS WAR ES UNMÖGLICH, INS LAND ZU KOMMEN.
MAN DROHTE AUF UNS ZU SCHIESSEN, WENN WIR ES VERSUCHEN WÜRDEN.

ES REGNETE STARK UND WIR TEILTEN UNS IN GRUPPEN, UM ES AN ANDEREN ÜBERGÄNGEN ZU VERSUCHEN.

MELDE DICH FREIWILLIG! DU WIRST DIE WELT BEFREIEN! JA, SICHER! GEH' LECK MICH!! ZU WELCHEM PREIS? HA, PACO?
ZU DIESEM ZEITPUNKT WAR DER SCHMERZ IN DEN FÜSSEN MEHR ALS UNERTRÄGLICH.

SCHLIESSLICH FANDEN WIR EINEN BAUERNHOF.

ER GEHÖRTE ITALIENISCHEN EMIGRANTEN. SIE NAHMEN UNS AUF UND LIESSEN UNS AUSRUHEN.

SIE BRACHTEN UNS UNTER, SO GUT SIE KONNTEN...

...UND SIE BOTEN UNS WARMES ESSEN AN.

ICH STELLE MIR VOR, SIE HATTEN MITLEID, ALS SIE SO JUNGE BURSCHEN VERLOREN AUF FREMDER ERDE SAHEN.

BRRRMMM!
BRRM!
ABER IN DER SELBEN NACHT HÖRTEN WIR DRAUSSEN MOTOREN.

SIE HABEN UNS ENTDECKT.

WIR VERSUCHTEN ZU FLIEHEN. ABER SIE HIELTEN UNS AUF.

OBWOHL WIR NICHT DEUTSCH KONNTEN, ERHOBEN WIR DIE HÄNDE. WIR WAREN AUS SCHADEN KLUG GEWORDEN.
SIE NAHMEN UNS SOFORT FEST UND SO ENDETE UNSERE FLUCHT.

GEFANGENGENOMMEN, WENIGE KILOMETER VOR DER FREIHEIT.
WIR GINGEN EIN SCHÖNES STÜCK IM REGEN, EHE WIR INS NÄCHSTE DORF KAMEN.

UND DORT...

BEI DER VIELZAHL AN GEFANGENEN, DIE SIE MACHTEN...

...WURDEN WIR AUF IMPROVISIERTE ORTE AUFGETEILT.

BIS ZU ZWEIHUNDERT PERSONEN DRÄNGTEN SICH IN DIESEN SCHLECHT VORBEREITETEN KERKERN ZUSAMMEN.
DIE KERKER WAREN IN DELLE IM DEPARTMENT BELFORT IM NORD-OSTEN VON FRANKREICH.

BALD SCHON BELUDEN WIR EINEN LASTWAGEN NACH DEM ANDEREN MIT ALLEM, WAS SIE IN FRANKREICH RAUBTEN.

SIE HATTEN DIE KASERNEN IN GEFÄNGNISSE UMGEWANDELT. DIE FRANZOSEN BRACHTEN SIE IN SÄLEN MIT STOCKBETTEN UNTER.
UNS JEDOCH NICHT. WIR WAREN IN IHREN AUGEN EINE MINDER-WERTIGE RASSE UND WIR MUSSTEN UNSERE KNOCHEN IN DEN STÄLLEN BETTEN.

DORT MUSSTEN WIR ERST DEN MIST DER TIERE ENTFERNEN, WENN WIR MEHR ODER WENIGER WÜRDIG SCHLAFEN WOLLTEN.

ABER DAS DAUERTE NICHT LANGE.
STRAFLAGER VON BELFORT FRONSTALAG 140. ENDE 1940.

SIE BOTEN UNS AN, NACH SPANIEN ZURÜCKZUKEHREN, ABER ICH BESCHLOSS DAS NICHT ZU TUN.
ES WAR RISKANT IN EIN LAND VOLL FANATISMUS ZURÜCKZUKEHREN, WO SIE DIR TATEN VORWERFEN KONNTEN, DIE DU NICHT BEGANGEN HAST. ICH BLIEB LIEBER, KOMME WAS WOLLE.
DIE WAHRHEIT IST, ES KAM ALLES SEHR SCHLIMM...
JÄNNER 1941. ZUG RICHTUNG DEUTSCHLAND.

UND NACH WENIGEN WOCHEN...

...SIE TRANSPORTIERTEN UNS IN VIEHWAGONS.
DÖRFER ÜBER DÖRFER, ABER KEIN VERSTÄND-LICHES SCHILD.

DAS EINZIGE ESSEN, DAS WIR AUF DER GANZEN REISE BEKAMEN...
GEBT ES MIR, MEIN COUSIN IST KELLNER IM MAXIM...
NA SICHER!

...WAR EIN STÜCK BROT UND MARGARINE.

DA WIR KEINE MESSER HATTEN, STRICHEN WIR DIE MARGARINE AUF, SO GUT WIR KONNTEN.

WIR MUSSTEN ZU VIERT TEILEN.

UND DAS WAR ALLES, DAS WAR KLAR.

ALTENGRABOW (SACHSEN-ANHALT).
STALAG XI-A

VOM 10. JÄNNER BIS ZUM 24. APRIL 1941...

...WAREN WIR ALS KRIEGSGEFANGENE IN EINEM STAMMLAGER.

SCHEINBAR DEN INTERNATIONALEN KONVENTIONEN FOLGEND.

...ABER DAS WAR NUR ZUM SCHEIN.

SIE NAHMEN UNS ALLES AB, WAS WIR HATTEN.

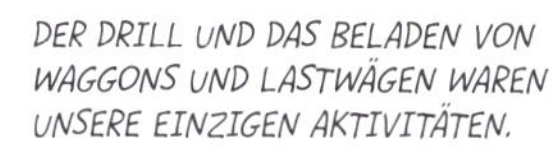
DER DRILL UND DAS BELADEN VON WAGGONS UND LASTWÄGEN WAREN UNSERE EINZIGEN AKTIVITÄTEN.

TAG FÜR TAG...

...TEILTEN WIR FADESSE UND ERSCHÖPFUNG.

BIS EINES TAGES WÄHREND DES APELLS EIN DEUTSCHER DOLMETSCHER ZU UNS SPRACH.
GEFANGENE! DER GROSSE FÜHRER MACHT EUCH EIN UNWIDERSTEHLICHES ANGEBOT.
IHR KÖNNT IN DEN DEUTSCHEN KOLONIEN ARBEITEN. WENN EURE ARBEIT UND EUER BENEHMEN ENTSPRECHEN, ERLANGT IHR SOFORT DIE FREIHEIT.
ICH DACHTE, DAS KÖNNE UNSERE SITUATION VERBESSERN. AUSSERDEM HATTEN WIR KEINE ALTERNATIVE.
ABER WIEDER IRRTE ICH MICH.

DEPORTATION

DIESE ENTSCHEIDUNG DES FASCHISTISCHEN REGIMES MACHTE SIE ZU DEPORTIERTEN; OHNE ES ZU WISSEN.

DIE REGIERUNG VON FRANCO MACHTE ES DEN DEUTSCHEN SEHR LEICHT. ES WAR EINE BILLIGE ART, SICH DER UNERWÜNSCHTEN REPUBLIKANISCHEN ELEMENTE ZU ENTLEDIGEN.

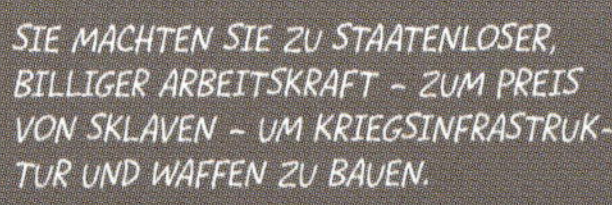

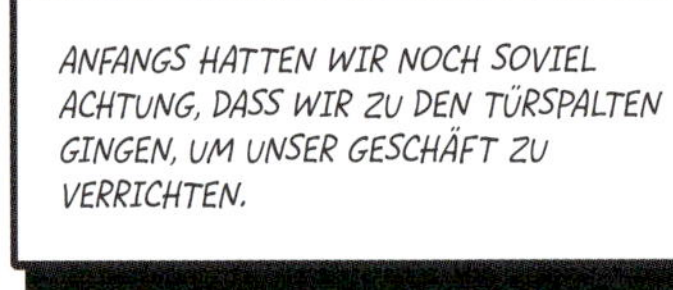

HE, FREUND! SCHAU WOHIN DU ZIELST.
WAS GLAUBST DU? SCHAUEN WIR, OB ICH EINEN BOCHE ERWISCHE.

ABER NACH UND NACH...

...DIE HITZE...

...DER DURST...

...DER FEHLENDE SCHLAF...

LEIPZI

...MACHTEN DIESE REISE ZU EINEM ALBTRAUM.

UND NACH ZWEI TAGEN QUÄLENDER FAHRT…

…BEWEGTE SICH NIEMAND MEHR VON SEINEM PLATZ.

SCHWERTBE

G

BITTE RÜCKT EIN BISSCHEN! ICH BRAUCHE LUFT!!

WEGEN DER ENORMEN ERSCHÖPF-UNG, DIE UNS ÜBERKAM, LIESSEN WIR UNS GEHEN.

WIR VERRICHTETEN UNSERE NOTDURFT, WO WIR GERADE STANDEN.

WIR LEBTEN IN URIN UND EXKREMENTEN.

DER GESTANK, DIE ATEMNOT, DER HUNGER, DIE MÜDIGKEIT, WAREN UNSERE REISEBEGLEITER.

MIT DEN FORTSCHREITEN-DEN KILOMETERN...

...LIESSEN DIE SCHWÄCHSTEN UND DIE ALTEN IHR LEBEN AUF DER REISE.

NACH DREI LANGEN TAGEN OHNE AUSZUSTEIGEN...

...ZUSAMMENGEPFERCHT WIE TIERE, OHNE ESSEN ODER WASSER...

...KAMEN WIR AN UNSER ZIEL.
MAUTHAU

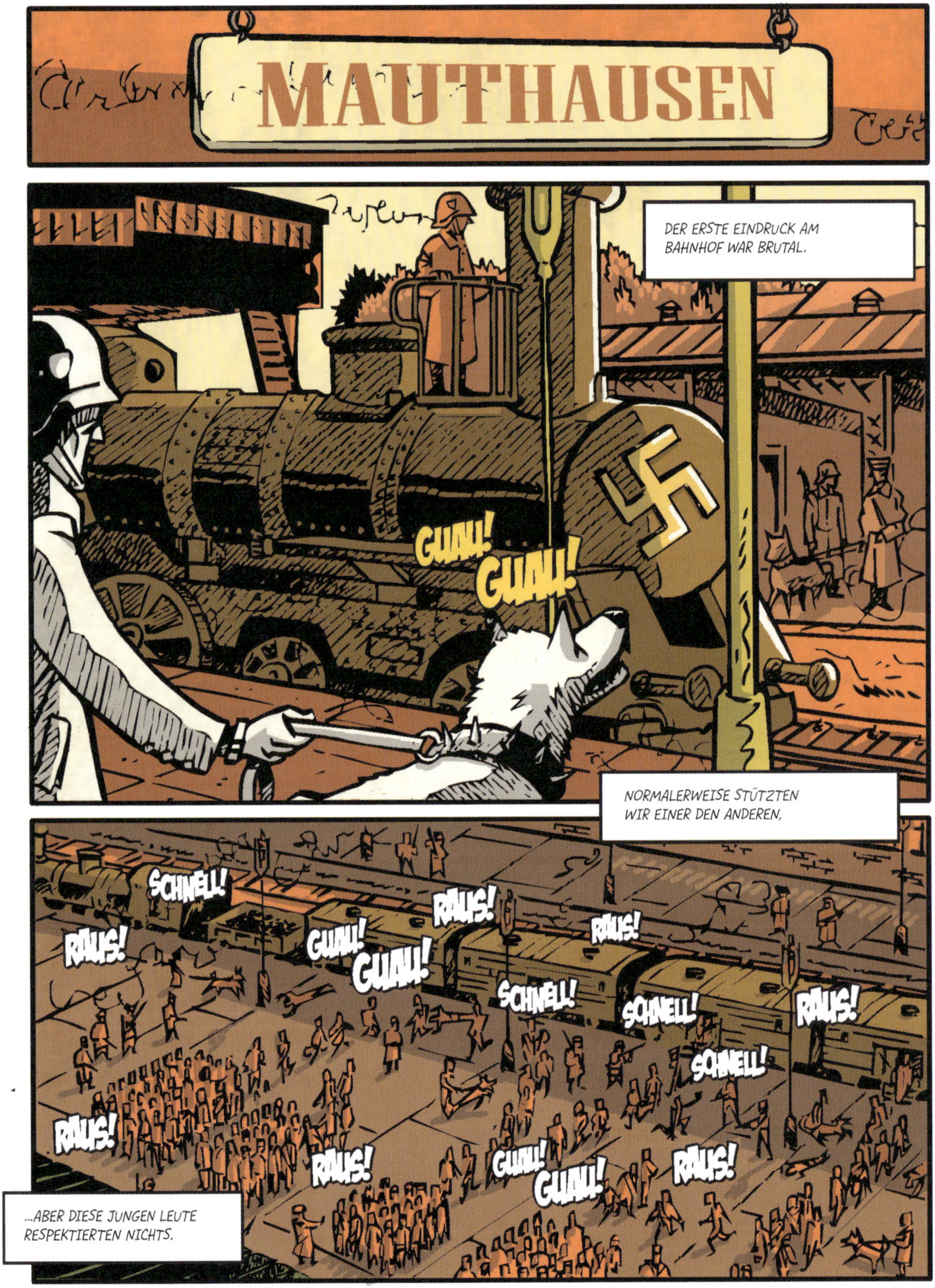

DER ERSTE EINDRUCK AM BAHNHOF WAR BRUTAL.

GUAU! GUAU!

NORMALERWEISE STÜTZTEN WIR EINER DEN ANDEREN,

SCHNELL! RAUS! GUAU! GUAU! RAUS! RAUS! SCHNELL! SCHNELL! RAUS! SCHNELL! RAUS! RAUS! GUAU! GUAU! RAUS!

...ABER DIESE JUNGEN LEUTE RESPEKTIERTEN NICHTS.

MAN MERKTE, DASS SIE NICHT DAS ERSTE MAL SOLCHE GRÄUEL BEGINGEN.

DAS GEFÜHL DER HERRENRASSE, DAS SIE HATTEN, WAR UNBEGREIFLICH.

SCHAU, WIR WAREN DIE SCHLACHT GEWOHNT...

GUAU! GUAU!
...UND DIE FLÜCHTLINGSLAGER...

MAN KANN SAGEN, WIR WAREN AN SOLCHE UMGEBUNGEN GEWÖHNT...

NACH UNSEREN ERLEBNISSEN GLAUBTEN WIR, ALLES AUSHALTEN ZU KÖNNEN.

TROMP!
ABER WIR MERKTEN SOFORT, DASS ES HIER ANDERS SEIN WÜRDE.

NICHTS WAR WIE DAS HIER.
CRASH!

IM KRIEG KONNTEST DU DICH VERTEIDIGEN, ABER HIER WAR DAS UNMÖGLICH.

VIELEN SCHMERZTEN DIE FÜSSE, ANDERE HATTEN FIEBER...
ALLE WURDEN TERRORISIERT...

VOM BAHNSTEIG BIS ZUM LAGER WAREN ES VIER KILOMETER, ABER DAS WUSSTEN WIR DAMALS NOCH NICHT.
DER AUFSTIEG ERSCHIEN UNS EWIG.
SCHNELL!
SCHNELL!
VOM BAHNHOF SCHLUGEN WIR EINEN WEG DURCH DEN WALD EIN.
SCHNELL!
SCHNELL!
SCHNELL!
EIN AUFSTIEG INS UNGEWISSE.
SCHNELL!
SCHREIE, HUNDEGEBELL, SCHLÄGE... WIR VERSTANDEN NICHTS VON DEM, WAS SIE UNS SAGTEN.
GUAU!
GUAU!
GUAU!
GUAU!

DIE MUSKELN, TAUB VON DER KÄLTE UND TAGEN DER TRÄGHEIT, GEHORCHTEN NICHT.
DIE ANGST ZU STOLPERN, DASS DIE BEINE VERSAGTEN...
SCHNELL!
TROMP!
SCHNELL!

...UND KALTBLÜTIG ERSCHOSSEN ZU WERDEN.
BANG!

SCHNELL!
SCHNELL!
SCHNELL!
SCHNELL!
GUAU!
GUAU!
GUAU!

SCHNELL!
SCHNELL!
GUAU!
SCHNELL!
GUAU!

GUAU!
GUAU!
SCHNELL!
SCHNELL!
SCHNELL!
GUAU!
GUAU!
SCHNELL!
SCHNELL!
SCHNELL!
GUAU!
GUAU!
SCHNELL!
SCHNELL!
GUAU!
GUAU!
GUAU!
GUAU!
GUAU!
GUAU!
SCHNELL!
SCHNELL!
SCHNELL!
GUAU!
GUAU!
GUAU!
GUAU!
BIS ENDLICH...
GUAU!
GUAU!
SCHNELL!

KONZENTRATIONSLAGER MAUTHAUSEN.

ALS WIR DEN GIPFEL ERREICHTEN UND DAS LAGER SAHEN, DEN BLICK DER ABGEMAGERTEN GEFANGENEN IN DEN SCHÄBIGEN, GESTREIFTEN UNIFORMEN, DA WUSSTEN WIR, ES WÜRDE SCHWER WERDEN, ZU ÜBERSTEHEN, WAS UNS ERWARTETE.
26. APRIL 1941.

AM EINGANG ZUM LAGER BLIEB DIE SS AUF BEIDEN SEITEN DES TORES STEHEN...

VON DORT AN KÜMMERTEN SICH DIE "KAPOS" UM UNS...
KAPO

SCHON IHR ANBLICK GAB DIR ZU VERSTEHEN, UM WELCHES GESINDEL ES SICH HANDELTE.

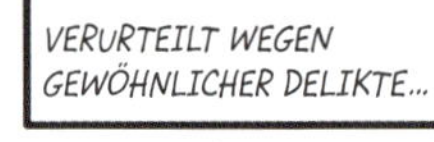
VERURTEILT WEGEN GEWÖHNLICHER DELIKTE...

...UND BEFREIT, UM IN TOTALER STRAF-LOSIGKEIT IHRE ÜBELTATEN AN DEN GEFANGENEN AUSZULASSEN.

KAUM WAREN WIR DURCH DIE SPRACHE DER SCHLÄGE IN IHRE HÄNDE GEFALLEN...

...ZWANGEN SIE UNS, UNS AUSZUZIEHEN...

...UND ZU DUSCHEN...

DANACH, RASIERTEN SIE UNS DIE HAARE...

OHNE JEDE RÜCKSICHT...

...BIS WIR ÜBERALL BLUTETEN.

NACH DER DESINFEKTION VERBREITETEN WIR EINEN UNERTRÄGLICHEN GERUCH.

ICH WEISS NICHT, WAS SIE VERWENDETEN, ABER MAN HIELT ES NICHT IN UNSERER NÄHE AUS.

UND ALL DAS WURDE VON WEITEREN SCHREIEN BEGLEITET...

...AUFSTELLUNG...
...SCHLÄGE...

SIE GABEN UNS GEWAND UND WIR MUSSTEN ANTRETEN.

OBWOHL WIR ABSOLUT NICHTS VERSTANDEN.

DANACH WAREN WIR NIEMAND MEHR.
KEINE REPUBLIKANISCHEN SOLDATEN MEHR,
...KEINE ARBEITER DER GTE.
WIR BLIEBEN OHNE DOKUMENTE, OHNE NAMEN ZURÜCK...
...AB DANN IDENTIFIZIERTE UNS NUR MEHR EINE NUM-MER UND EIN SYMBOL.
EINE NUMMER UND EIN SYMBOL IN VERSCHIEDENEN FARBEN, JE NACH LAND UND KATEGORIE DES DEPORTIERTEN.
FÜR DIE SPANIER WAR ES EIN BLAUES DREIECK MIT EINEM WEISSEN "S" DRINNEN. "S" FÜR SPANIEN.
SIE FÜHRTEN UNS ALS STAATENLOSE ODER PO-LITISCHE FLÜCHTLINGE.
DA WIR SO VIELE WAREN, STECKTEN SIE UNS IN FERTIGTEILBARACKEN OHNE BETTEN, WIR SCHLIEFEN KÖRPER AN KÖRPER.

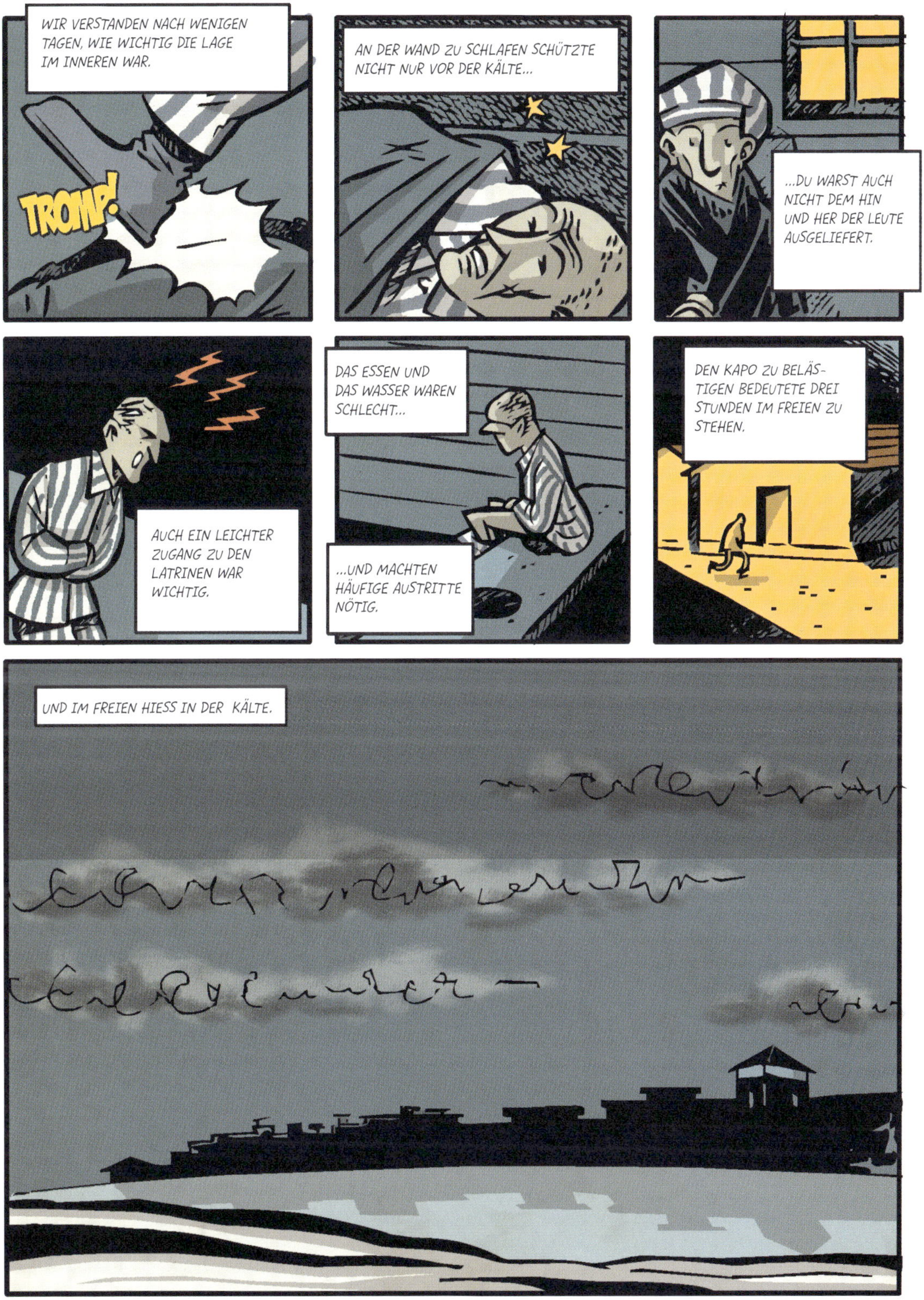

UND IM FREIEN HIESS IN DER KÄLTE.

DEN KAPOS GEFIEL ES GAR NICHT VOR IHREN OBEREN SCHLECHT DA ZU STEHEN.
SIE BEKAMEN DIE RECHNUNG DAFÜR.
NICHT STRAMM ZU STEHEN ODER SONST EINE KLEINIGKEIT, BEDEUTETE SCHWERE BESTRAFUNG.
VON EINER SPÄTEREN AUSGABE DES ERBÄRMLICHEN STÜCKES BROT ZUR ESSENSZEIT, BIS HIN ZUR GÄNZLICHEN STREICHUNG.
WENN ZUM BEISPIEL DAS BETT NICHT GUT GEMACHT WAR, WARFEN SIE ALLES ZU BODEN UND DU MUSSTEST VON VORNE ANFANGEN.
TROMP!
TROMP!
ERSCHWEREND WAR, DESWEGEN DIE SCHLICHTE SCHÜSSEL MIT SUPPE ODER DEN TRÜBEN KAFFEE ZU VERSÄUMEN.
DAS BEDEUTETE VIELE STUNDEN HARTE ARBEIT, OHNE ETWAS IM MAGEN ZU HABEN.
DAS EXERZIEREN DAUERTE EWIG UND IMMER GAB ES HIEBE.
DU WARST VERÄNGSTIGT UND JEDEN MOMENT DACHTEST DU, SIE WÜRDEN DICH SCHLAGEN.
ICH WERDE IMMER GEFRAGT: KONNTEST DU WIRKLICH KEINEN WIDERSTAND LEISTEN?
WENN EIN KAPO DICH ERWISCHTE, UND SEI ES NUR BEI EINER FALSCHEN GESTE, WURDEST DU BEI DER RÜCKKEHR INS LAGER GESCHLAGEN. AUF DIESE EINFACHE ART LERNTEN WIR…
UND SO WAR ES NICHT EINFACH.

ICH ERINNERE MICH AN
EINEN TAG IM WINTER...

WIR HATTEN EINEN KAPO, EIN
WIRKLICH BÖSER KERL.

...DEM ES GEFIEL, SICH MIT UNS
EINEN SPASS ZU MACHEN.
TROMP!

WEGEN EINEM AUSRUT-
SCHER, IRGENDEINEM
FEHLER, ODER GANZ
GRUNDLOS...

...SCHLUG ER UNS MIT SEINEM
KNÜPPEL, ODER DEM HACKENSTIEL.

MAN MUSSTE SCHAUEN,
WO MAN GETROFFEN
WURDE.
TROMP!
TROMP!

UNBRAUCHBAR ZU
WERDEN WAR DAS
TICKET NACH GUSEN,
UND DORT...
...TÖTETEN SIE DICH.

ICH ERINNERE MICH AUCH AN EINEN FURCHTBAREN SOLDATEN…

"DER BOCK", NANNTEN WIR IHN.
ER ZÜCHTETE HASEN.

EINES TAGES HACKTEN WIR HOLZ NEBEN DEM EINGANGSTOR…

EIN GENOSSE HIELT ES NICHT MEHR AUS…

ER DACHTE, SIE SEHEN IHN NICHT UND VERSUCHTE ES.

DIESE KARTOFFELSCHALEN KAMEN IHM TEUER ZU STEHEN.

SIE BRACHTEN IHN IN DEN RAUM MIT DER FOLTERBANK.

UND DORT ANGEKOMMEN...

...ERHIELT ER SEINE STRAFE.

EINS!
TROMP!
ZWEI!
TROMP!

DREI!
TROMP!

VIER!
TROMP!

FÜNF!
TROMP!
SECHS!
TROMP!

SIEBEN!
TROMP!

ACHT!
TROMP!

NEUN!
TROMP!

ZEHN!
TROMP!

ELF!

ZWÖLF!
TROMP!

DREIZEHN!
TROMP!
TROMP!

VIERZEHN!

TROMP!
FÜNFZEHN!

SECHZEHN!
TROMP!

SIEBZEHN!
TROMP!

ACHTZEHN!
TROMP!

NEUNZEHN!
TROMP!

TROMP!
ZWANZIG!

EINUNDZWANZIG!
TROMP!

ZWEIUNDZWANZIG!
TROMP!

DREIUNDZWANZIG!
TROMP!

VIERUNDZWANZIG!
TROMP!

FÜNFUNDZWANZIG!
TROMP!

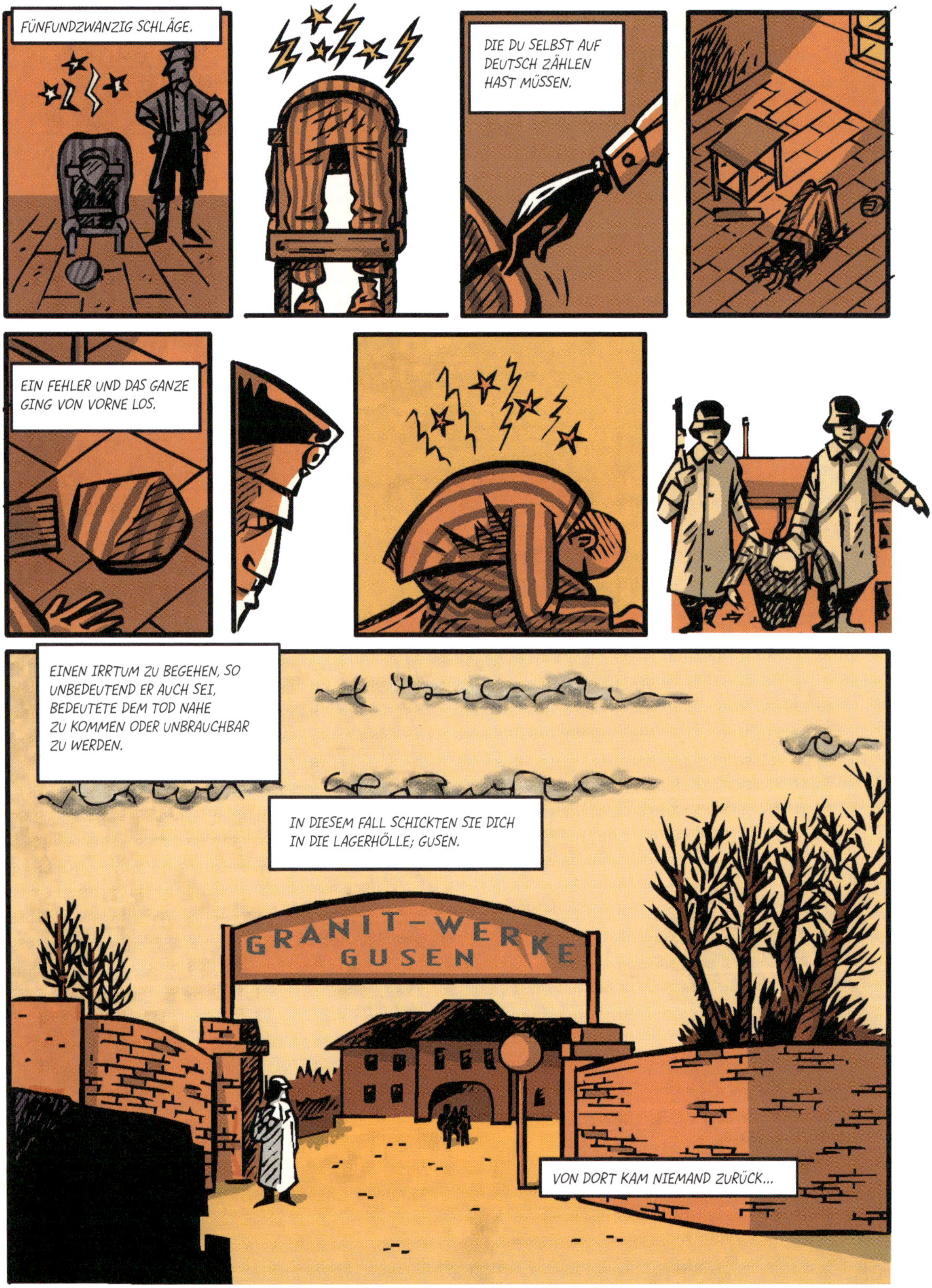

EINEN IRRTUM ZU BEGEHEN, SO UNBEDEUTEND ER AUCH SEI, BEDEUTETE DEM TOD NAHE ZU KOMMEN ODER UNBRAUCHBAR ZU WERDEN.

IN DIESEM FALL SCHICKTEN SIE DICH IN DIE LAGERHÖLLE; GUSEN.

GRANIT-WERKE GUSEN

VON DORT KAM NIEMAND ZURÜCK...

TODESSTIEGE

HUNDERTSECHSUNDACHZIG STEINSTUFEN.
BIS ZU FÜNFZEHN MAL AM TAG.
EIN BAUWERK MEHR ALS 100 STOCK HOCH.
HERAUSGESCHLAGEN GRÖSSTENTEILS VON SPANIERN, VERBANDEN DEN STEINBRUCH MIT DEM LAGER.
ENDLOSE ARBEITSTAGE MIT RIESIGEN BLÖCKEN AM RÜCKEN.
EINIGE GEFANGENE BAUTEN DIE STEINE AB, ANDERE TRUGEN SIE INS LAGER HINAUF.
DIE UNZUREICHENDE ERNÄHRUNG MACHTE DAS ÜBERLEBEN NOCH SCHWERER.
JEDEN TAG MUSSTEST DU STEINE TRAGEN.
DIE GRÖSSE HING VON DER MAUER AB, DIE WIR GERADE BAUTEN.
DIE STEINE WAREN AUFGESCHLICHTET UND MAN MUSSTE DIE GRÖSSTEN AUFHEBEN, SONST SCHLUGEN EINEN DIE KAPOS UND ZWANGEN DICH EINEN GRÖSSEREN ZU SUCHEN.
DREISSIG KILO ODER MEHR... MAN SCHAFFTE SIE KAUM.
WIR LUDEN SIE AUCH AUF LASTWAGEN, MIT DENEN DIE SS SAFTIGE GESCHÄFTE MACHTE.

NACH EINIGEN ARBEITSTAGEN UND DEM TRANSPORT DER STEINE IM NACKEN, BEKAMST DU ENTZÜNDUNGEN, DIE LETZTLICH ZU GESCHWÜREN WURDEN.

WIE MEIN HALS AUSSCHAUT WEGEN DEN VERDAMMTEN STEINEN.
WENN DU VOM ZUSCHAUEN BLASEN AUF DEN AUGEN BEKOMMST, GEHTS GLEICH BESSER, BURSCHE.

JENE, DIE SCHON LÄNGER DA WAREN, SOLLTEN RECHT BEHALTEN.

WENN EIN PRÜGELWÄCHTER BEOBACHTETE, DASS JEMAND NICHT ARBEITETE...

...WAR EINE SOFORTIGE STRAFE SICHER.
TROMP!
UND DAS KONNTE MAN NOCH AUSHALTEN.

WENN SIE ABER ZUFÄLLIG DEINE NUMMER NOTIERTEN, HAST DU AM ABEND FÜNFUNDZWANZIG SCHLÄGE AUF DER FOLTERBANK BEKOMMEN.

JEDER AUFSTIEG AUF DER STIEGE WAR EINE QUAL.
MANCHMAL WÜNSCHTE MAN SICH IRGEND ETWAS ANDERES ZU TRAGEN ALS EINEN STEIN...
...SOGAR EINEN MENSCHLICHEN KÖRPER.

DIE TOTEN SCHMIEGEN SICH BESSER AN SCHULTER UND HALS ALS EIN STEIN.

VIELE VERLOREN IHR LEBEN, WEIL SIE WEGEN DES GEWICHTS DER STEINE DIE STIEGE HINUNTERSTÜRZTEN...

...SO LERNTEN WIR AUF DER HANGSEITE HINAUFZUSTEIGEN, DAMIT WIR NICHT MITGERISSEN WURDEN, WENN OBERHALB JEMAND STOLPERTE.

DIESE DETAILS KONNTEN DEN UNTERSCHIED ZWISCHEN LEBEN UND TOD BEDEUTEN.

SIE HEGTEN KEINEN SPEZIELLEN HASS GEGEN DIE SPANIER.
ABER...
...WENN DU EINEN FEHLER BEGINGST ODER WIDERSTAND ZEIGTEST...

...KLAR, DANN BRACHTEN SIE DICH UM.

ABER DIE JUDEN... PFUH!

DIE ZWANGEN SIE ZU FÜNFZEHN GÄNGEN HINAUF UND HINUNTER...

...OHNE EINEN SCHLUCK ZU TRINKEN.

ZWEITAUSENDSIEBENHUNDERTNEUNZIG STUFEN. GENUG UM ZU VERRECKEN.

AUCH DIR DURFTE NICHT IN DEN SINN KOMMEN, IHNEN WASSER ZU GEBEN, DU WÜRDEST MIT IHNEN STERBEN.

WIR KAPIERTEN SOFORT, DASS JEDER TAG GLEICH SEIN WIRD.

ARBEITEN VON FRÜH BIS SPÄT, STEINE SCHLAGEN UND OBEN-DREIN NOCH SCHLEPPEN...
WENN WIR ÜBERLEBEN WOLLTEN, DANN NUR SO.

ICH DACHTE, ICH WÜRDE KEINE ZWEI MONATE SCHAFFEN.

WÄHREND DES SOMMERS WAR ES NOCH VIEL SCHLIMMER, DA DIE ARBEITSTAGE LÄNGER WAREN.

WIR KAMEN MIT SONNENAUFGANG IN DEN STEINBRUCH.

IM OBEREN TEIL GAB ES EINEN
BEREICH, DEN WIR DIE ZONE DER
"FALLSCHIRMSPRINGER" NANNTEN.

ES WAREN VOR
ALLEM JUDEN.

KAPOS UND WÄCHTER...

TROMP!
...MIT SCHLÄGEN
UND HIEBEN...

...STÜRZTEN SIE
SIE HINUNTER.

OBWOHL ES GRAUSAM KLINGT...

...WENN ALLE GEBANNT ZUSAHEN, WAS DORT PASSIERTE...

...NÜTZTEN WIR DIE ZEIT, UM ETWAS AUSZURUHEN.

CRASH!

WENN SIE DEN STURZ ÜBERLEBTEN...

...ZWANGEN SIE ANDERE GEFANGENE, SIE HINAUFZU-TRAGEN, UM SIE ERNEUT HINUNTERZUWERFEN.

ICH SAH VIELE LEUTE STERBEN.
JEDEN TAG.

SIE BLIEBEN AUF DEN STEINEN LIEGEN.

DANACH BEFAHLEN SIE UNS DIE TOTEN ZUM TOR DES KREMATORIUMS ZU BRINGEN.
UND DORT VER-SCHWANDEN SIE GANZ.

NACH DEM STEINBRUCH WURDE ICH IN DIE NEBENLAGER BRETSTEIN UND STEYR ÜBERSTELLT.

IM ERSTEN HATTE ICH DIE AUFGABE, STRASSEN ZU BAUEN UND ZU REPARIEREN.
ICH VERBRACHTE EIN JAHR DORT. VOM 4. SEPTEMBER 1941 BIS ZUM SEPTEMBER 1942.

ES WAR EINE SCHMUTZIGE ARBEIT BEI DREISSIG GRAD UNTER NULL.

WIR FÄLLTEN AUCH FICHTEN UM STRASSEN ZU VERBREITERN.

DIE VIER BIS FÜNF METER LANGEN STÄMME WARFEN WIR IN DIE SCHLUCHT, DANACH BRACHTEN WIR SIE MIT EINEM SCHLITTEN WEG.

FÜR DIE SS MIT IHREN STURMHAUBEN, DEN HANDSCHUHEN UND DEN GEFÜTTERTEN MÄNTELN, WAR ALLES ERTRÄGLICHER...

MIT UNS GINGEN SIE VIEL GRAUSAMER UM.

SIE LIESSEN UNS DIE JACKEN AUSZIEHEN, MIT DEM ARGUMENT, DASS...

...WIR DANN SCHNELLER ARBEITEN WÜRDEN, DAMIT UNS WARM WIRD.

WAS FÜR EIN ARSCHLOCH DER FRITZ! BEI DEM SCHNEE!
DASS ER DICH NICHT HÖRT, SONST SIND WIR GELIEFERT.

UND LOS, PACK AN, WIRST SEHN WIE SCHNELL DU SCHWITZT.

HÖR, AM ENDE HAT ER NOCH RECHT.

IM NEBENLAGER STEYR HATTEST DU KEINE ANDERE AUFGABE ALS IN EINER WAFFENFABRIK ZU ARBEITEN.

STEYR WAR EINES DER HÄRTESTEN NEBENLAGER, IN DEM DIE MEISTEN SPANIER STARBEN.

DORT WAR ICH VON SEPTEMBER 1942 BIS ZUR BEFREIUNG DES LAGERS.
...ZWEI JAHRE UND ACHT MONATE.

DORT HAST DU DIE STÜCKE MIT DEINER HÄFTLINGSNUMMER MARKIEREN MÜSSEN.

FALLS DU AUF DIE IDEE KOMMST, IRGEND EINE SABOTAGE ZU MACHEN...

...DU KANNTEST DEN PREIS, DEN DU ZAHLEN WÜRDEST.

WIE AUCH IMMER DEIN SCHICKSAL IN MAUTHAUSEN WAR...

DIE FRAGE WAR, WIE LANG DU DURCHALTEN KONNTEST, OB DU FRÜHER ODER SPÄTER STIRBST...

WENN DU SCHWACH WURDEST, WAR DIE EINZIGE ALTERNATIVE, DIE VIELE WÄHLTEN, SICH IN DEN ELEKTRISCHEN ZAUN ZU WERFEN.

ICH DACHTE GLÜCKLI-CHERWEISE NIE DARAN.

ES IST NICHT SO SCHWER EINEN WILLEN ZU BRECHEN, EINEM MENSCHEN ALLES ZU RAUBEN.
DIE NAZIS WUSSTEN DAS NUR ZU GUT.
IN WENIGEN WOCHEN LÖSCHTEN SIE DEINEN GEIST, ZERSTÖRTEN DICH VÖLLIG UND MACHTEN DICH ZU EINEM DRESSIERTEN TIER.

SIE SCHRIEN UNS DIE GANZE ZEIT AN...
...OHNE PAUSE.
IHR FANATISMUS, IHR WAHNSINN, WAREN SCHWER BEGREIFBAR.

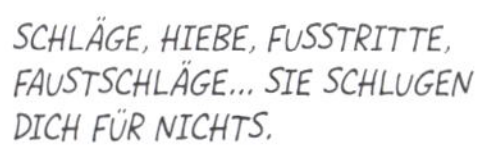

SCHLÄGE, HIEBE, FUSSTRITTE, FAUSTSCHLÄGE... SIE SCHLUGEN DICH FÜR NICHTS.
TRACK!

ES FIEL IHNEN LEICHT DICH ZU BODEN ZU WERFEN...
TROMP!

...ZUERST MIT EINEM FAUSTHIEB INS GESICHT. DANN KAM EIN TRITT IN DIE GENITALIEN.

SO HERRSCHTE IN DEN BARACKEN TOTALE PANIK UND VERZWEIFLUNG.

DORT HATTEST DU EINEN KLEINEN PLATZ, WO DU JEDE NACHT DIE AUGEN SCHLIESSEN KONNTEST...

...ABER NIE WUSSTEST, OB DU SIE MORGENS WIEDER ÖFFNEN WIRST.

SIE HETZTEN DIE HUNDE AUF UNS.

ANSCHEINEND AUS PUREM VERGNÜGEN.
ABER DAS WAR ES NICHT.

ICH HABE LEUTE STERBEN GESEHEN, VERFOLGT UND DURCH BISSE DIESER HUNDE ZERFETZT.

SIE ZWANGEN UNS DEM TOD INS GESICHT ZU SEHEN.

...DEN OPFERN IHRER GRAUSAMKEITEN.

ES WAR EINE WEITERE ART, UNS AUF UNSERE ZUKUNFT HINZUWEISEN.

DER SADISMUS UND DIE WILLKÜRLICHE GEWALT DER KAPOS UND DER SS SELBST...

...LIESS SIE AUS NICHTIGSTEN MOTIVEN MORDEN.
ODER NICHT EINMAL DESWEGEN...

...SIE KONNTEN ES AUS PURER WILLKÜR TUN.

NIEMAND KONNTE DEM LAGER ENTFLIEHEN.

WENN DU ES VERSUCHT HAST, WARST DU DEM VERRAT DURCH DIE MITGEFANGENEN AUSGELIEFERT.

ALLES FÜR EINEN GEFALLEN ODER BESSERE ARBEITSBEDINGUNGEN. SO LIEF DAS UND DU KONNTEST NICHTS TUN.

DIE NAHRUNG, DIE WIR BEKAMEN, WAR MEHR ALS MANGELHAFT.

WIR ASSEN EINE ART SUPPE AUS BOHNEN UND STÄRKEMEHL.
SIE ERREICHTE NIE DIE TAUSENDFÜNFHUNDERT KALORIEN TÄGLICH.

DAS FÜHRTE ZU EXTREMER SCHWÄCHE, ZAHNAUSFALL, UND IN DER FOLGE BEI VIELEN ZUM TOD.

UND DIE KÄLTE?
ICH VERSTEHE IMMER NOCH NICHT, WIE ICH DIE BRUTALE KÄLTE ÜBERSTAND.

SIE LIESSEN UNS IM FREIEN, DAS GEWAND VOM REGEN NASS, STUNDE UM STUNDE.

UND NICHTS BLIEB DIR ÜBRIG, ALS GESUND ZU BLEIBEN.

KRANK ZU WERDEN BEDEUTETE DAS SCHICKSAL HERAUSFORDERN.

DIE MEISTEN WURDEN INS NEBENLAGER GUSEN GEBRACHT...

...WO SIE UNVERMEIDLICH IN DEN ÖFEN ODER DURCH EINE BENZINSPRITZE INS HERZ STARBEN.

IN DIESER UMGEBUNG EXISTIERTE KEIN WEINEN.

UND LÄCHELN WAR NOCH VIEL SCHLIMMER.

ES BEDEUTETE EINE BELEIDIGUNG DER SCHERGEN UND BESCHLEUNIGTE DEN TOD.

JEDE ÄUSSERUNG, DIE DAS LAGER KRITISIERTE...
...UNWICHTIG WIE SIE AUSGEDRÜCKT WURDE, BEDEUTETE EIN GROSSES RISIKO.

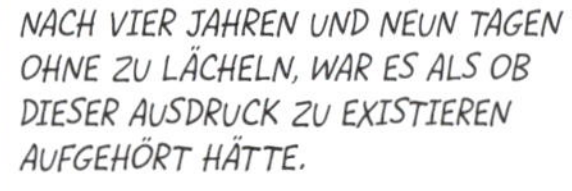
NACH VIER JAHREN UND NEUN TAGEN OHNE ZU LÄCHELN, WAR ES ALS OB DIESER AUSDRUCK ZU EXISTIEREN AUFGEHÖRT HÄTTE.

DIE ÜBERLEBENDEN KONNTEN BIS ZU FÜNFUNDDREISSIG TODESARTEN IN MAUTHAUSEN AUFZÄHLEN.
VIELLEICHT WAREN DIE "MILDESTEN" DIE GASKAMMER...
...ODER DER SELBSTMORD AUS DER HÖHE DES STEINBRUCHS.
WÄHREND DER JAHRE, DIE ICH DORT VERBRACHTE, WURDE ICH ZEUGE ALLER ARTEN VON SCHIKANEN UND GRAUSAMKEITEN GEGEN DIE MENSCHHEIT.
ICH SAH WIE DIE LAGER-SS UND KAPOS MIT DEN GEFANGENEN ALLES TATEN, WAS SIE WOLLTEN.

KAUM ANGEKOMMEN, STELLTEN SIE DICH MIT DEM GESICHT ZUR WAND, UND NICHT SELTEN SCHLUGEN SIE DAS GESICHT EINES GEFANGENEN DAGEGEN...

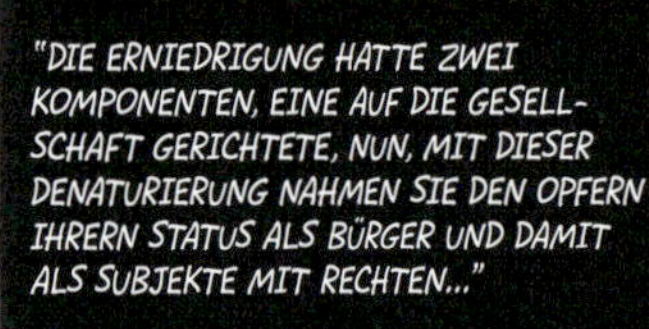

GUSEN

KRANK ZU WERDEN WAR VERBOTEN.

IN DIE KRANKENSTATION KOMMEN HIESS DAS SCHICKSAL ZU FORDERN.

DIE MEHRHEIT KAM NICHT MEHR ZURÜCK.
TOJ!
TOJ!

DORT REDUZIERTEN SIE "WEGEN UNPRODUKTIVITÄT" DIE ESSENSRATIONEN UND DIE PFLEGER HANDELTEN DAMIT.
TOJ!
TOJ!

DREI, SIEBEN, NULL, ZWEI.

TOJ!
TOJ!

TOJ!
TOJ!
ER IST KRANK! ER MUSS ZUR KRANKENSTATION!

NEIN, IST ER NICHT. ES IST NUR DER STAUB IM STEINBRUCH.

TROMP!
TROMP!

ZWEI GEFANGENE SOLLEN IHN HINBRINGEN.

BRINGT MICH NICHT HIN! ES GEHT MIR GUT. ES IST NICHTS. BITTE NOCH NICHT...!
TOJ!
TOJ!

NEIN, BITTE. ICH KANN WEITERARBEITEN... SEHT IHR NICHT?

ICH HÄTTE EUCH NICHT HERGE-BRACHT!

WARUM TUT IHR MIR DAS AN?

HERR DOKTOR...

LEGT IHN IN DIE-
SES BETT DORT!
ES IST FREI.

TOJ!
TOJ!

SIE SIND IMMER
NOCH DA?
?!?

SIE KÖNNEN ZUR ARBEIT ZURÜCK-KEHREN.

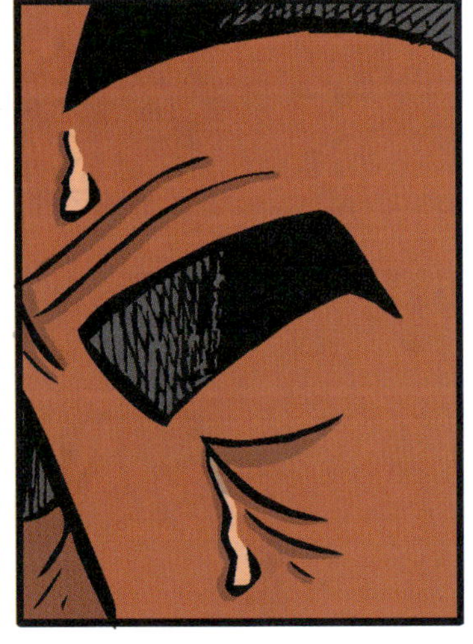

TOJ!
TOJ!

NICHT NOTWENDIG. DIESES PROBLEM KÖNNEN WIR SELBER LÖSEN.

ICH FLEHE SIE AN, DOKTOR

HUST! HUST! DAS
GIBT SICH... ICH...

DOKTOR?

BALD SIND SIE WEG VON HIER. IST DAS NICHT, WAS SICH ALLE WÜNSCHEN?

DOKTOR, NEIN!

BITTE...
DOKTOR...
DIE BENZINSPRITZE DIREKT INS HERZ WAR EINE HÄUFIG ANGEWANDTE METHODE IN MAUTHAUSEN, UM SCHWACHE GEFANGENE LOS ZU WERDEN.

HOLOCAUST

"JUDEN RAUS!" SPIEL FÜR KINDER, IN DEUTSCHLAND AB 1938 IM HANDEL.
Juden raus!

DER HOLOCAUST? WIR WUSSTEN NICHTS DAVON.

HONOR Y ME
LOS REPUBLI
PRIMEROS C
LOS PUEBLOS

DU WARST MIT DIR SELBST BESCHÄFTIGT...

DAS WAR AM RATSAMSTEN.

IN DEINER BARACKE BLEIBEN UND SONST NIEMANDEN BEACHTEN.

DICH UM DEINE ARBEIT UND DIE BEFEHLE KÜMMERND WARST DU GEBÄNDIGT.

DESHALB WUSSTEN WIR NICHTS VON DEM, WAS UM UNS GESCHAH. NICHT EINMAL VON DEN GASKAMMERN.

MAUTHAUSEN 1990. GEDENKEN ZUM 45. JAHRESTAG DER BEFREIUNG DES LAGERS.

PACO!?
MERMENADA!?
BIST DU ES? WIE LANG IST ES HER! ICH FREU MICH DICH ZU SEHEN!
UND ICH ERST! WIE IST´S DIR ERGANGEN?

ICH BLIEB IN FRANKREICH UND GRÜNDETE EINE FAMILIE.
SO WAS! ICH KONNTE LETZTLICH NACH SPANIEN ZURÜCK.

UND DAS?
JA. DIE GAB ES...

ICH WAR SEHR LANGE HIER. DIE WURDEN EIN JAHR NACH DEINER ANKUNFT IN BETRIEB GENOMMEN.
ZUERST FÜR BEHINDERTE UND JUDEN. KURZ DARAUF SCHON FÜR RUSSEN.

"IN DEUTSCHLAND HABEN WIR EIN PROBLEM DIE JUDEN UNTERZUBRINGEN."

SIE BRACHTEN SIE WIE UNS. IN VIEHWAGONS. EINGEPFERCHT. SCHMUTZIG. HUNGRIG. DURSTIG. DEM ERSTICKEN NAHE. VERÄNGSTIGT. VERRÜCKT... NACH TAGEN EINER SCHRECKLICHEN REISE.
SCHON AUF DEM BAHNHOF, VON DER WEITE, FÜHRTEN DIE BAUERN IHNEN IN EINER GESTE DEN FINGER HORIZONTAL ÜBER DEN HALS.

"MAN MUSS SIE AUSREISSEN AUS UNSERER ERDE. DEN GANZEN KONTINENT SÄUBERN."

SIE ZWANGEN SIE, SICH ZU ENTKLEIDEN, DANN FÜHRTEN SIE SIE IN DIE KAMMERN, ANGEBLICH ZUR DESINFEKTION. DANN DREHTEN SIE DEN GASHAHN AUF.
DEM OFFIZIER WAR ES EGAL, OB ES ALTE, FRAUEN ODER KINDER WAREN.
ER WAR BESESSEN UND HATTE SPASS, SIE STERBEN ZU SEHEN.

"ES SOLLTE BEFREIUNGEN GEBEN, WEGEN AUSSERGEWÖHNLICHER VERDIENSTE."
"ES GIBT KEINE BESSERE METHODE DER STERILISATION ALS DEN TOD."

ER KONNTE DIE QUAL DER LEUTE VERLÄNGERN ODER VERKÜRZEN UND ER ERREGTE SICH BEIM ANBLICK DER HÖLLE. ER WAR EIN MÖRDER, DER DANACH VOLL STOLZ AUF DIE VOLLBRACHTE TAT IN SEINE BARACKE GING.

"DIE FREIGESTELLTEN ERSTEN GRADES WERDEN STERILISIERT ODER EVAKUIERT."
"WOLLEN WIR, DASS DIE WELT UNS ANERKENNT? STELLEN WIR UNS DER REALITÄT DER JUDEN."

DIE LEICHEN TÜRMTEN SICH AN DER TÜR, DA DIE MENSCHEN VERSUCHTEN HINAUS ZU GELANGEN. DA DIE TÜR NACH INNEN AUFGING, WAR ES FAST UNMÖGLICH, SIE ZU ÖFFNEN. SO MUSSTEN WIR SIE DURCH EINE NACH AUSSEN ÖFFNENDE ERSETZEN.
DANACH FIELEN BEIM ÖFFNEN VIELE LEICHEN HERAUS, DA DIE MENSCHEN IN IHRER VERZWEIFLUNG SICH GEGEN DIE TÜR GEDRÜCKT HABEN.

"KEIN MITLEID ZU HABEN IST PFLICHT. EISKALT ZU TÖTEN IST EIN ZEICHEN VON STÄRKE, EIN TRIUMPH."

"DIE SS WIRD MIT DER AUFGABE BETRAUT, DIESE ENDLÖSUNG UMZUSETZEN."

"SIE WERDEN IN DEN PAUSEN ZWISCHEN DEN EVAKUIERUNGEN IHRE FREIZEIT HABEN MÜSSEN."

"DIE VERWALTUNG DER FREIZEIT DIESER MÄNNER UND FRAUEN, IST FÜR DIE GENAUE ERFÜLLUNG DER AUFGABE GRUNDLEGEND."

"ZUR HÖLLE MIT DEN JUDEN."
"HABEN DIE EINE?"
"WIR WERDEN DAFÜR SORGEN."

SO VIELE JUDEN, TAG FÜR TAG, VERWANDELT IN RAUCH.
SO VIELE LAGER UND GHETTOS IN GANZ EUROPA.
ABER AUCH POLITISCHE GEFANGENE, ROMA, HOMOSEXUELLE... SPANIER, JUGOSLAWEN, POLEN, RUSSEN...
ZWISCHEN FÜNFZEHN UND ZWANZIG MILLIONEN GEFANGENE.
DAVON SECHS MILLIONEN JUDEN UND FÜNF MILLIONEN ANDERE, ALLE TOT.
ES WAR VIEL SCHLIMMER ALS WIR ES UNS VORSTELLTEN. UND WIR REDEN VON DER HÖLLE SELBST!

FLUCHT

J'ATTENDRAI, LE JOUR ET LA NUIT...

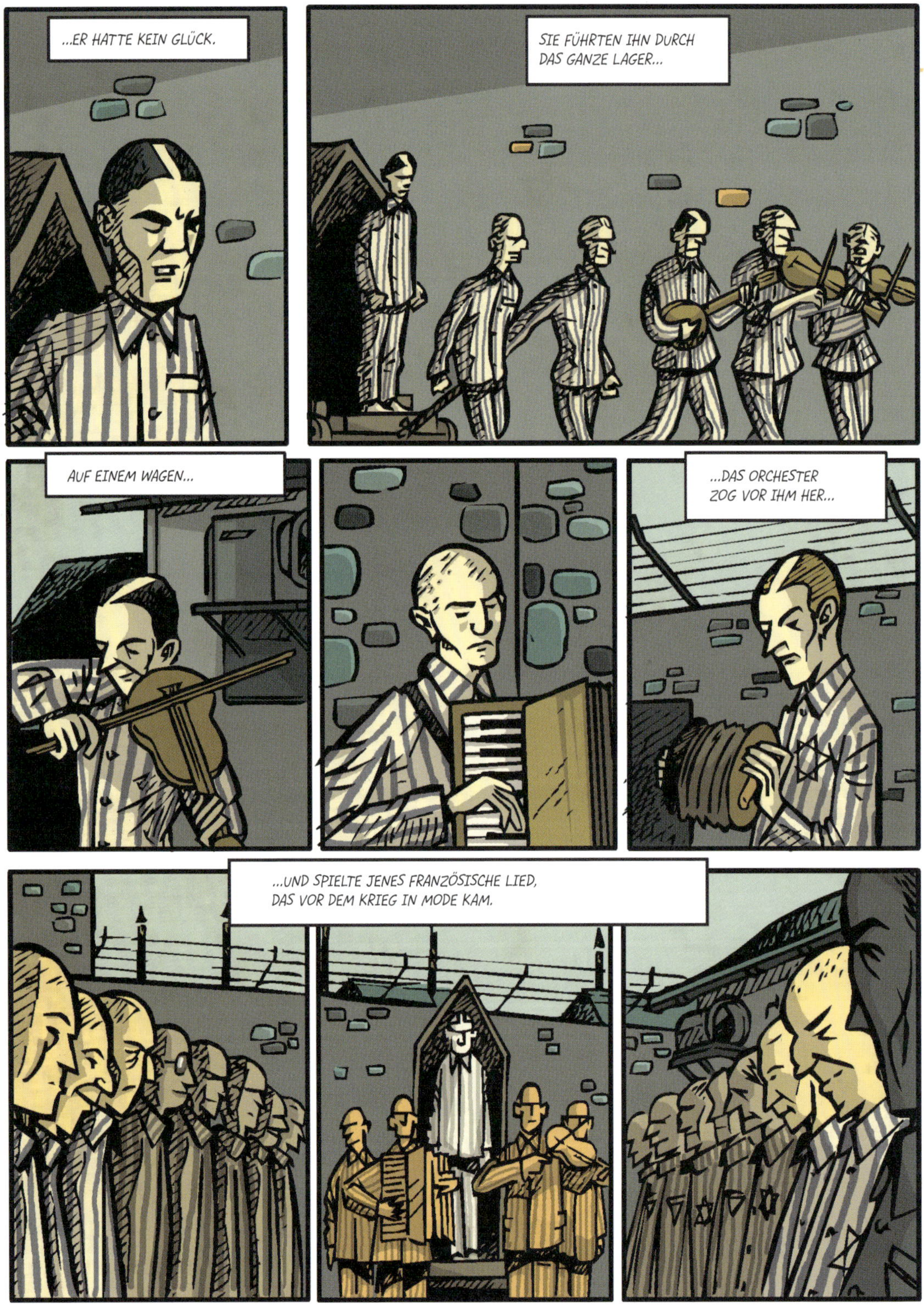

...ER HATTE KEIN GLÜCK.

SIE FÜHRTEN IHN DURCH DAS GANZE LAGER...

AUF EINEM WAGEN...

...DAS ORCHESTER ZOG VOR IHM HER...

J'ATTENDRAI TOUJOURS TON RETOUR

J'ATTENDRAI CAR L'OISEAU QUI S'ENFUIT VIENT CHERCHER L'OUBLI

SIE SCHICKTEN UNS, UM SIE WEGZURÄUMEN, DAMIT DIE LASTWÄGEN DURCHKOMMEN KONNTEN.

HE!

SCHAU
DORT!
ICH SAH NICHTS.

DOCH DANN PLÖTZLICH...
EIN JUDE.

WIR ERKANNTEN
IHN AM STERN.
ER MUSSTE NEU IM LAGER SEIN,
DENN ER WAR NOCH DICK.

AHH!

AUU!

SCHAU NICHT HIN, SONST BEKOMMEN WIR SCHWIERIGKEITEN.
ABER...

WIR ERFUHREN SPÄTER, DASS ER EIN SEHR REICHER MANN WAR.

ER HAT DEM KOMMANDANTEN ALLES GEBOTEN, WAS ER HATTE...

...GELD, SCHMUCK, BESITZTÜMER...

...ALLES IM TAUSCH FÜR SEINE FREIHEIT.

SIE SPIELTEN MIT IHM.

SIE STIESSEN IHN MIT IHREN BAJONETTEN HIN UND HER.

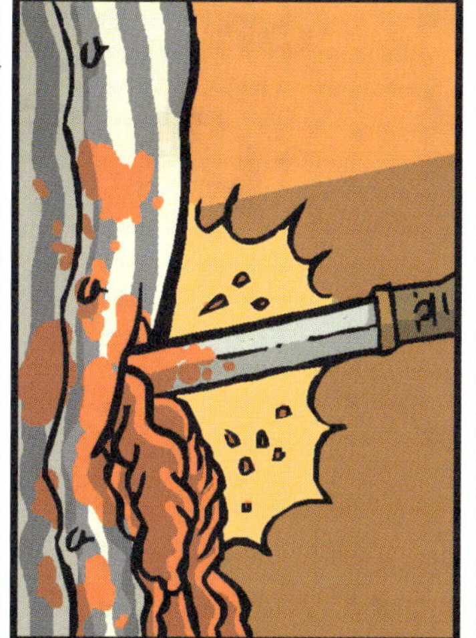

DABEI RISSEN SIE IHM DIE GEDÄRME HERAUS.

WAS FÜR SCHWEINE!

BESSER WIR VERGESSEN, WAS WIR GESEHEN HABEN UND ARBEITEN WEITER, BEVOR SIE UNS BEMERKEN.

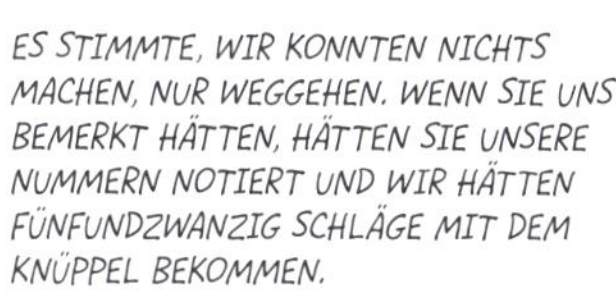
ES STIMMTE, WIR KONNTEN NICHTS MACHEN, NUR WEGGEHEN. WENN SIE UNS BEMERKT HÄTTEN, HÄTTEN SIE UNSERE NUMMERN NOTIERT UND WIR HÄTTEN FÜNFUNDZWANZIG SCHLÄGE MIT DEM KNÜPPEL BEKOMMEN.

UND SO GINGEN WIR.

NOCH HEUTE, SECHZIG JAHRE DANACH, HÖRE ICH DIE SCHREIE DIESES MANNES MIT DEN OFFENEN GEDÄRMEN.

DA WAR NOCH EINE GESCHICHTE.
EINES MORGENS BETRAT EIN HÖHERER SS-MANN DIE BARACKE, WIR NANNTEN IHN "DAS FRÄULEIN".

ER FRAGTE NACH EINER NUMMER UND EIN JUGOSLAWE TRAT VOR.

ER WAR SEHR KORPULENT, ER MUSS EINMAL SEHR STARK GEWESEN SEIN.

ABER HIER IM LAGER BLIEBEN IHM KAUM NOCH MUSKELN.

DER OFFIZIER ZOG DIE HANDSCHUHE AN UND OHNE GRUND...

...BEGANN ER IHN ZU SCHLAGEN.

ER HIELT IHM DIE AUGEN ZU UND SCHLUG IHM KRÄFTIG IN DEN MAGEN.
¡TOMP!

DAS MACHTE ER ZIEMLICH LANGE.

EIN SCHLAG NACH DEM ANDEREN, GANZ MECHANISCH.
¡TOMP!
¡TOMP!

VOR ALLEM: VÖLLIG GRUNDLOS.
¡TOMP!
¡TOMP!
¡TOMP!

BIS ER ZUSAMMEN-BRACH.
¡TOMP!
¡TOMP!

NIEMAND RÜHRTE EINEN FINGER. NIEMAND WAR MUTIG.

ALLES FEIGLINGE. WIR WAREN KEINE MENSCHEN MEHR, UNS BEHERRSCHTE DER TERROR.

NOCH HEUTE, WENN MIR DIESE GESCHICHTE EINFÄLLT...
...BEREUE ICH MEINE PASSIVITÄT, DASS ICH NICHT REAGIERT HABE.
OBWOHL ICH WEISS, DASS DAS SELBSTMORD GEWESEN WÄRE.

IM STEINBRUCH VERGNÜGTEN SICH KAPOS UND SS AUF EIGENTÜMLICHE ART...

HE DU!

DER STEIN, DEN DU TRÄGST, IST SEHR KLEIN.
GAR NICHT SO KLEIN. ER LAG GERADE DA.

BEIM NÄCHSTEN MAL NEHME ICH EINEN GRÖSSEREN.
WARUM AUFS NÄCHSTE MAL WARTEN?

JA KLAR, WARUM?

HIER GIBT ES DOCH AUCH STEINE GENUG.

DORT?

WAS IST AN DENEN SCHLECHT?

HÖR, ICH... BEIM NÄCHSTEN MAL...

GEH!
DA PASSIERT NICHTS. GEH! ODER DU SPÜRST DEN KNÜPPEL!!

HÖR, ICH GEB DIR MEINE TAGESRATION.

ICH HAB SCHON DIE DOPPELTE RATION.
GEH!!!

ACHTUNG!!!!

BRA-TA-TA-TA!

DAS WAR IHR SPIEL.

DER SADISMUS UND DIE WILLKÜRLICHE
GEWALT DER KAPOS...

...KANNTEN KEINE GRENZEN.

DIE MEHRHEIT WAREN
GEWÖHNLICHE STRAFTÄTER,
AUS DEM GEFÄNGNIS GEHOLT,
UM UNS ZU BEWACHEN.

SIE BEMÜHTEN SICH NEUE
GEFANGENE MIT GOLDZÄHNEN
SOFORT ZU TÖTEN...

...UM SIE IHNEN DANN ZU REISSEN
UND BEI DEN SOLDATEN GEGEN
ALKOHOL ZU TAUSCHEN.

EINE ZEIT LANG HATTEN WIR EINEN KAPO, DER SICH IN EINEN SEHR JUNGEN GEFANGENEN VERNARRTE.

NEBEN DER DOPPELTEN RATION, HATTEN DIE KAPOS NOCH ANDERE PRIVILEGIEN.

EIN PRIVILEG WAR ZUM BEISPIEL EIN EIGENES ZIMMER NEBEN DEN BARACKEN.
WÄHREND DIE DEUTSCHEN WEGSAHEN, BEGANNEN DIE BEIDEN ZUSAMMENZULEBEN.

SIE BILDETEN EIN EIGENARTIGES PAAR VOR UNSEREN VERBLÜFFTEN UND GLEICHGÜLTIGEN BLICKEN.

EINES TAGES VERSCHWANDEN BEIDE.
SIE WAREN GEFLOHEN.

NUR DIE WENIGSTEN KAMEN WEIT. ZWEI TAGE SPÄTER WURDEN SIE FESTGENOMMEN.

VOR DEN AUGEN ALLER, DURCHLÖCHERTEN SIE DEN KAPO WIE EINEN EMMENTALER.

DER BURSCHE SCHAUTE VERDUTZT AUF DIE RESTE SEINES VORMALIGEN BESCHÜTZERS.

SIE SAGTEN UNS SPÄTER, DASS ER IN EINEN ANDEREN TEIL DES LAGERS VERLEGT WURDE.
ABER WAHR IST, DASS WIR IHN NIE WIEDER SAHEN.

IM ERSTEN MOMENT WAREN WIR SEHR ÜBERRASCHT, DASS SIE SICH ENTSCHLOSSEN HABEN ZU FLIEHEN.
IHR LEBEN WAR NICHT SO SCHLECHT WIE UNSERES, SIE HATTEN GEWISSE PRIVILEGIEN, DER KRIEG GING ZU ENDE...
IHR ENDE WAR IN WAHRHEIT EINE WEITERE WARNUNG FÜR DIE KÜHNEN.

IN DER FRÜH ZU DEN LATRINEN GEHEN...

...FÜHRTE ZU SO GEWÖHNLICHEN, WIE SCHRECKLICHEN BEGEGNUNGEN.

KAUM BRACH DER TAG AN, WECKTEN SIE UNS MIT EINER GLOCKE UND NATÜRLICH MIT GEBRÜLL.

UND AUCH HIER GAB ES ÜBERRASCHUNGEN...

...DIE NIE ANGENEHM WAREN.

DURCH DIE HOHEN STOCKBETTEN KONNTE MAN AN DIE HOLZBALKEN DER DECKE GELANGEN...
UND ES WAR LEICHT SCHLUSS ZU MACHEN.

IN ANFÄLLEN DER VERZWEIFLUNG...

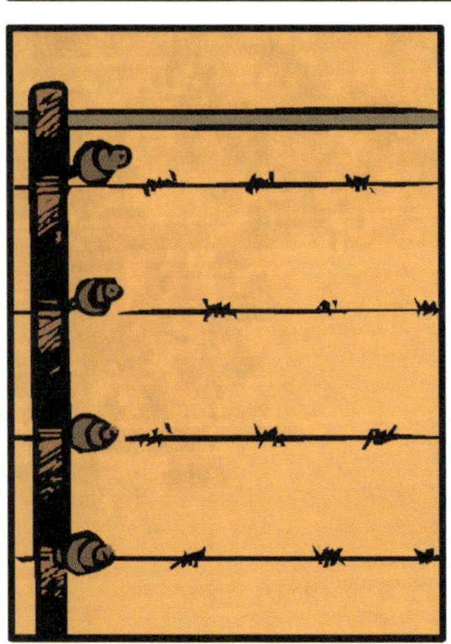

...ERGRIFFEN VIELE DIE GELEGENHEIT SICH UMZUBRINGEN.

ALLE DIE ZU FLIEHEN VERSUCHTEN, TÖTETEN SIE.
MAN GEWÖHNTE SICH AN SOVIEL BARBAREI.
ES EXISTIERTE KEIN MITLEID ODER ÄHNLICHES.
DER GEDANKE AN DIE MEINEN HALF MIR, NICHT SCHLUSS ZU MACHEN.
NIE STELLTE ICH MIR DIE FRAGE, OB ICH MUTIGER BIN ODER NICHT, ALS JENE, DIE SICH UMBRACHTEN.
OBWOHL DAS DIE EINZIGE MÖGLICHKEIT FÜR EINEN GEFANGENEN WAR...
...DEM ALB-TRAUM EIN FÜR ALLE MAL ZU ENTFLIEHEN.

JEDEN TAG SAHEN
WIR TOTE.

DIE MEISTEN STARBEN
DURCH GEWALT.

DIE AUSNAHME WAR
EIN TAG OHNE SIE.

AN DIE ICH MICH ERINNERE,
WIE AN DEN ERSTEN TAG.

SOLIDARITÄT

EINES TAGES BESCHLOSS DIE SS, DAS LAGER ZU DESINFIZIEREN.
ALLE GEFANGENEN WURDEN NACKT IN DIE HÖFE GESCHICKT.
MIT DER ZEIT LERNTEN WIR, DASS WIR BEI UNSEREN AUFENTHALTEN IM HOF DIE NÄHE DER MAUERN ODER DER GARAGENEINFAHR-TEN SUCHEN MUSSTEN.
DAS SCHÜTZTE EINEN VOR DEN GEWEHRSALVEN, MIT DENEN SICH DIE WACHEN GELEGENTLICHEN DIE LANGEWEILE VERTRIEBEN.

SIE WAREN AUF DIESE WEISE VON SECHS UHR IN DER FRÜH BIS ELF UHR IN DER NACHT BESCHÄFTIGT.
NICHT WENIGER ALS SIEBZEHN STUNDEN.

DIESEN TAG NUTZTEN VIELE, UM MITEINANDER IN KONTAKT ZU TRETEN.
WIE EINIGE ÜBERLEBENDE ERZÄHLEN, WURDEN GRUPPEN DES INTERNEN WIDERSTANDS GEBILDET.

ICH LERNTE WAHRHAFT GROSSE MÄNNER MIT STARKEM INTELLEKT KENNEN.

DIESE MÄNNER SCHENKTEN DIR, IN DIESER SITUATION, OHNE EGOISMUS ODER HASS, ALL DAS GUTE DESSEN SIE SICH ERFREUTEN.

ICH LERNTE AUCH EIGENTÜMLICHE INSASSEN KENNEN, WIE JENEN MIT EINER TÄTOWIERTEN SCHLANGE, DIE SICH UM DEN KÖRPER WAND UND DEREN KOPF GENAU DORT...
DU WEISST SCHON.

ABER DIE HARTE ARBEIT UND DIE STRAFEN, DENEN WIR UNTERLAGEN...
...ERLAUBTEN KEINE GROSSE SOLIDARITÄT.

DIE STÄNDIGEN WECHSEL DES KOMMANDOS...

...TRENNTEN DICH VON DIESEN UNVERGESSLICHEN PERSÖNLICHKEITEN...
...MIT DENEN DU NUR KURZE ZEIT ZU TUN HATTEST.

DIE EXTREMEN BEDINGUNGEN IN DIESEM LAGER...

...RAFFTEN SIE SCHNELL DAHIN...

...OHNE DASS IRGENDWER ETWAS FÜR SIE TUN HÄTTE KÖNNEN.

DAS LAGER WAR EIN GIGANTISCHER TURM ZU BABEL MIT ZAHLREICHEN NATIONALITÄTEN.
UND DIE GRAUSAMKEIT DER DEUTSCHEN WURDE VOM GANG DES KRIEGES GEPRÄGT.
EINE HARTE SCHLACHT IN TSCHECHIEN, ZUM BEISPIEL, BEKAMEN DIE TSCHECHEN ZU SPÜREN.

DIE SPANIER VERTRAUTEN DEN JUGOSLAWEN, ALS WESENSVERWANDTEN.
¡BAOUM!
SIE KAMEN AUS DEM WIDERSTANDS-KAMPF...

¡BAOUM!
¡BAOUM!
...UND WIR AUS EINEM BÜRGERKRIEG.

DIE JUDEN SONDERTEN SIE AB. SOWOHL IN DEN STRAFKOMPANIEN WIE AUCH IM STEINBRUCH.
DORT BEOBACHTETEN SIE DIE JUDEN GANZ GENAU.
IHR LEBEN WAR KURZ. ERSCHOSSEN ODER HINUNTERGE-STÜRZT, SETZTEN DIE DEUTSCHEN IHNEN BALD EIN ENDE.

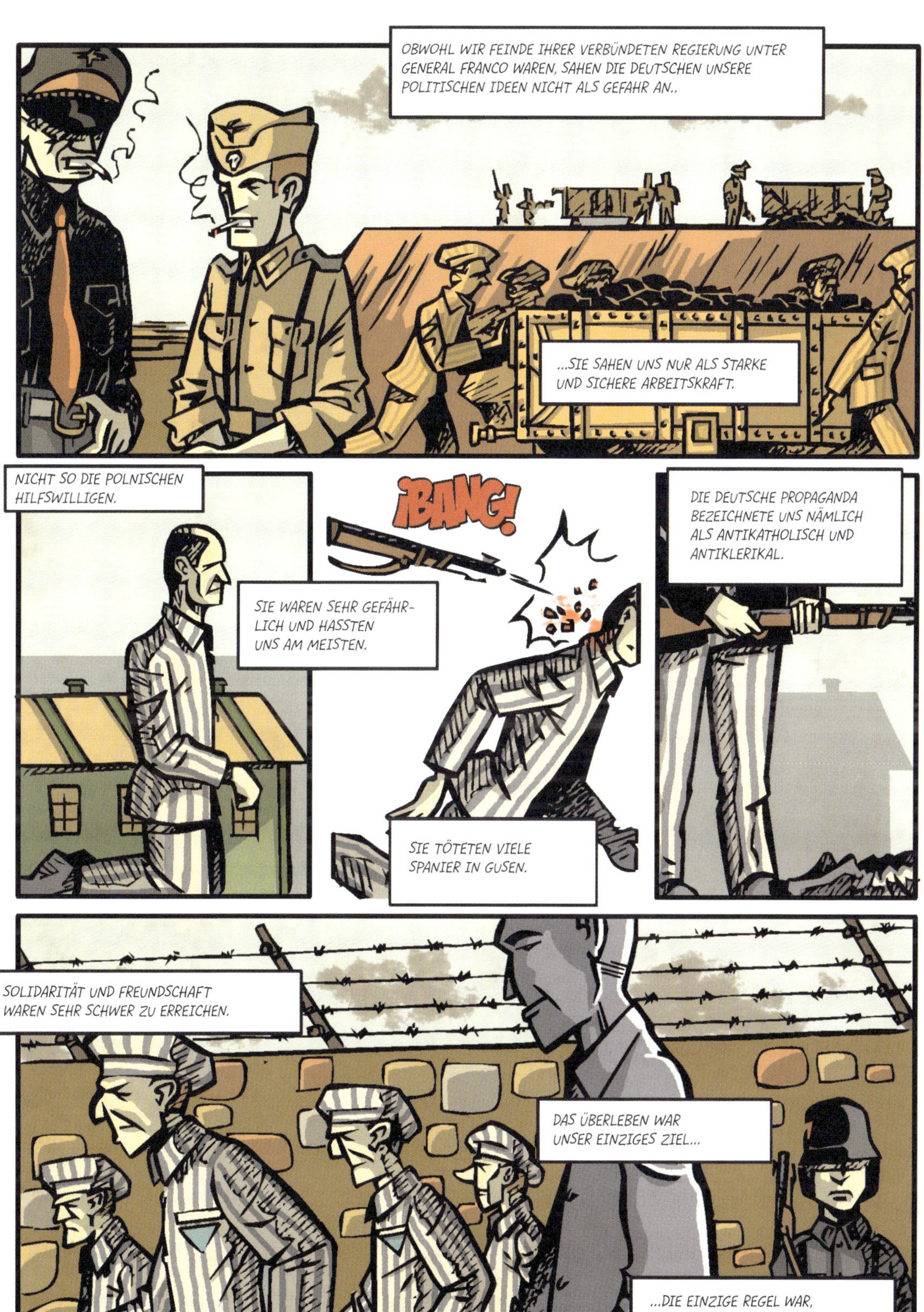
OBWOHL WIR FEINDE IHRER VERBÜNDETEN REGIERUNG UNTER GENERAL FRANCO WAREN, SAHEN DIE DEUTSCHEN UNSERE POLITISCHEN IDEEN NICHT ALS GEFAHR AN..
...SIE SAHEN UNS NUR ALS STARKE UND SICHERE ARBEITSKRAFT.
NICHT SO DIE POLNISCHEN HILFSWILLIGEN.
SIE WAREN SEHR GEFÄHRLICH UND HASSTEN UNS AM MEISTEN.
¡BANG!
SIE TÖTETEN VIELE SPANIER IN GUSEN.
DIE DEUTSCHE PROPAGANDA BEZEICHNETE UNS NÄMLICH ALS ANTIKATHOLISCH UND ANTIKLERIKAL.
SOLIDARITÄT UND FREUNDSCHAFT WAREN SEHR SCHWER ZU ERREICHEN.
DAS ÜBERLEBEN WAR UNSER EINZIGES ZIEL...
...DIE EINZIGE REGEL WAR, KÜMMERE DICH UM DICH SELBST.

ICH WAR GUT MIT MANUEL CABO BEFREUNDET, EINEM SOLDATEN AUS NAQUERA.
DAS WAR NICHT MIT ALLEN MÖGLICH.
UNTER DEN SPANIERN KREISTEN DIE GESPRÄCHE UM DIE POSTEN, DIE MAN IM KRIEG HATTE.
...MIT CABO REDETE ICH NICHT DARÜBER.
WIR ERZÄHLTEN UNS NICHTS ÜBER UNSERE VERGANGENHEIT.
WIR SPRACHEN NUR ÜBER DEN HUNGER. DEN HUNGER UND WIE WIR AN ZUSÄTZLICHES ESSEN KOMMEN KÖNNTEN.
WENN ES UNS GELANG UND WIR EINE DOPPELTE RATION ERGATTERTEN, ASSEN WIR SIE ABWECHSELND LÖFFELND.

EINES TAGES, NACH EINEM HARTEN ARBEITSTAG...

...SCHICKTEN SIE UNS, UM DIE BROTRATIONEN FÜR DIE DEUTSCHEN ABZULADEN...

...DIESE ZIEGEL-FÖRMIGEN BROTE, FRISCH AUS DEM OFEN...

...ALS ICH GLAUBTE, DASS MICH GERADE NIEMAND SIEHT...

WIDERSTAND ICH NICHT UND...

DIESER AUSRUTSCHER KAM MICH TEUER ZU STEHEN.

HER DAMIT!

NUMMER?!

VIER, ZWEI,
NULL, ACHT!

SPÄTER...

ICH GLAUBTE SCHON, DAVON GEKOMMEN ZU SEIN, ABER AM LAGEREINGANG...

FÜHRTEN SIE MICH ZUR FOLTERBANK...

ALS ICH AUFWACHTE, LAG ICH AUF MEINER PRITSCHE NEBEN MANUEL.

WIR ASSEN GEKOCHTE RÜBEN, HAUPTSÄCHLICH WASSER.
IN DER FRÜH GAB ES KASTANIEN-BOUILLON. OHNE BROT.

EINMAL IN DER WOCHE GABEN SIE UNS EINE ART SUPPE.

WENN SIE DIE DECKEL ABNAHMEN, KOCHTE DIE SUPPE NOCH. NIEMAND WOLLTE SICH GANZ VORNE ANSTELLEN.
NICHT DASS DER REST VIEL EINLAGE GEHABT HÄTTE, ABER DIE SUPPE WAR ETWAS DICKER.

ÜBERLEBEN WAR HIER, NAJA, EINE FRAGE DER SCHLAUHEIT.

DA WIR KAUM FESTES ASSEN, MUSSTEN WIR NUR EINMAL PRO WOCHE AUFS KLO.

DURCH DEN MANGEL AN VITAMINEN BEKAM ICH SKORBUT UND PYORRHÖ.

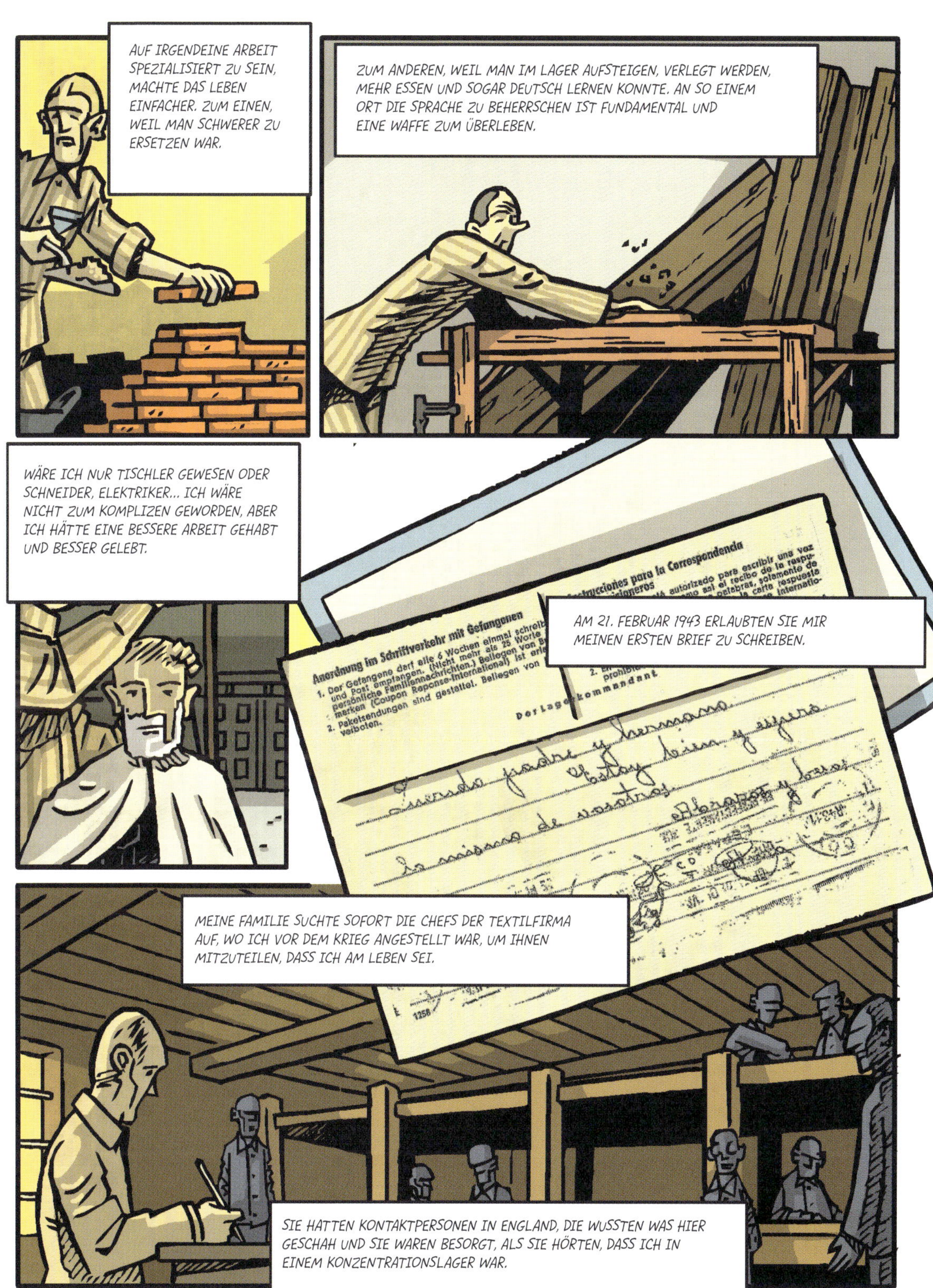
AUF IRGENDEINE ARBEIT SPEZIALISIERT ZU SEIN, MACHTE DAS LEBEN EINFACHER. ZUM EINEN, WEIL MAN SCHWERER ZU ERSETZEN WAR.
ZUM ANDEREN, WEIL MAN IM LAGER AUFSTEIGEN, VERLEGT WERDEN, MEHR ESSEN UND SOGAR DEUTSCH LERNEN KONNTE. AN SO EINEM ORT DIE SPRACHE ZU BEHERRSCHEN IST FUNDAMENTAL UND EINE WAFFE ZUM ÜBERLEBEN.
WÄRE ICH NUR TISCHLER GEWESEN ODER SCHNEIDER, ELEKTRIKER... ICH WÄRE NICHT ZUM KOMPLIZEN GEWORDEN, ABER ICH HÄTTE EINE BESSERE ARBEIT GEHABT UND BESSER GELEBT.
AM 21. FEBRUAR 1943 ERLAUBTEN SIE MIR MEINEN ERSTEN BRIEF ZU SCHREIBEN.
Anordnung im Schriftverkehr mit Gefangenen
Instrucciones para la Correspondencia
Der Lagerkommandant
MEINE FAMILIE SUCHTE SOFORT DIE CHEFS DER TEXTILFIRMA AUF, WO ICH VOR DEM KRIEG ANGESTELLT WAR, UM IHNEN MITZUTEILEN, DASS ICH AM LEBEN SEI.
SIE HATTEN KONTAKTPERSONEN IN ENGLAND, DIE WUSSTEN WAS HIER GESCHAH UND SIE WAREN BESORGT, ALS SIE HÖRTEN, DASS ICH IN EINEM KONZENTRATIONSLAGER WAR.

IN MAUTHAUSEN ZU ÜBERLEBEN WAR NICHT LEICHT. DIE SCHWÄCHE UND DIE MÜDIGKEIT NAHMEN VON TAG ZU TAG ZU.
DURCH DAS, WAS WIR SAHEN, DIE UNMENSCHLICHEN LEBENS- UND ARBEITSBEDINGUNGEN UND DURCH DIE STÄNDIGE PRÄSENZ DES SCHATTENS DES TODES.

VON EISIGEM WASSER DURCHNÄSST UND IM FREIEN LIEFERTEN SIE UNS DEN KRÄFTEN DER NATUR AUS, DIE NUR IHR WERK VOLLBRINGEN MUSSTE.

DIE TÖDLICHE KOMBINATION AUS UNABLÄSSIGER ARBEIT, DEMÜTIGENDER BEHANDLUNG UND MANGELNDER ERNÄHRUNG SCHWÄCHTE DEN KÖRPER RASCH.
DIE DEUTSCHEN HATTEN ES SO ANGELEGT, DASS DER GEFANGENE, WENIGE MONATE NACH SEINER ANKUNFT VON SELBST STARB.

REBELLION

EINES TAGES IN EINEM WASCHRAUM...

¡TROMP!

¡TROMP!

¡TROMP!
¡TROMP!
¡TROMP!

KAPO

DIESER KAPO WAR DEUTSCHER HERKUNFT...
KAPO

AUS VERSCHIEDENEN GRÜNDEN WIESEN AUSREICHEND INDIZIEN DARAUF HIN, DASS DER SCHULDIGE SPANIER WAR.
DIE SS LIESS UNS ANTRETEN.
SIE FORDERTEN, DASS DER VERANTWORTLICHE FREIWILLIG HERVORTRETE.
ALSO NIEMAND?
WIE IHR WOLLT.
FÜR DIE DEUTSCHEN WAR ES GANZ KLAR.
UM EIN EXEMPEL ZU STATUIEREN, BÜSSTEN WIR ALLE.
SIE TRAFEN DIE ENTSCHEIDUNG, DASS FÜR DIE TAT EINES EINZELNEN DESSEN LANDSLEUTE LEIDEN.
DAS WAR IHRE FORM DRUCK AUSZUÜBEN.

DIE KÄLTE... IMMER DENKE ICH AN DIE KÄLTE.

NASS UND FRIEREND AUF DEN PRITSCHEN...

ICH WEISS NICHT WIE, ABER LETZTLICH FANDEN SIE DEN SCHULDIGEN.

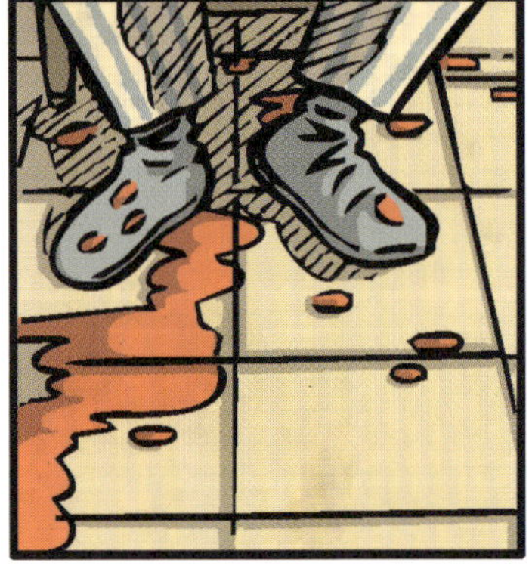

WIR WAREN DER BEFREIUNG NAHE, ABER SEINE TAPFERKEIT HAT DAZU GEFÜHRT, DASS ER DORT NOCH SEIN LEBEN VERLOR.

WIEDERBEGEGNUNG

1998. TREFFEN DER ÜBERLEBENDEN AUS DEN KONZENTRATIONSLAGERN.

HALLO! ICH HAB GEHÖRT DU WARST IN MAUTHAUSEN. ICH HABE DAS AUCH DURCHGEMACHT.
ES IST SO LANG HER UND WIR WAREN SO VIELE, DASS ICH MICH NICHT RECHT ERINNERE.

WER BIST DU?
ICH? ICH WAR DIE VIER ZWEI NULL ACHT. UND DU?
NUN... ICH? TJA...

HE, DU!

TROMP!!

JA. ICH GLAUB ICH ERINNERE MICH...

...DU DÜRFTEST NICHT HIER SEIN.

KOMM SCHON, KOMM SCHON, WIR HABEN ALLE DIESE HÖLLE ÜBERLEBT. WIR SIND DA, UM ANERKENNUNG ZU ERHALTEN.
NEIN. WIR SIND NICHT DESWEGEN DA. WIR SIND DA, DAMIT SO ETWAS NIE WIEDER PASSIERT. ODER ERINNERST DU DICH NICHT AN UNSEREN SCHWUR?
JEDER TRUG SEIN SCHICKSAL...

WIR TATEN DINGE, AUF DIE WIR NICHT STOLZ SEIN KÖN-NEN, ABER GLEICHZEITIG...

KÖNNEN WIR DARÜBER ERZÄHLEN, NICHT? VORBEI IST VORBEI...

KOMM... GIB MIR DIE HAND...

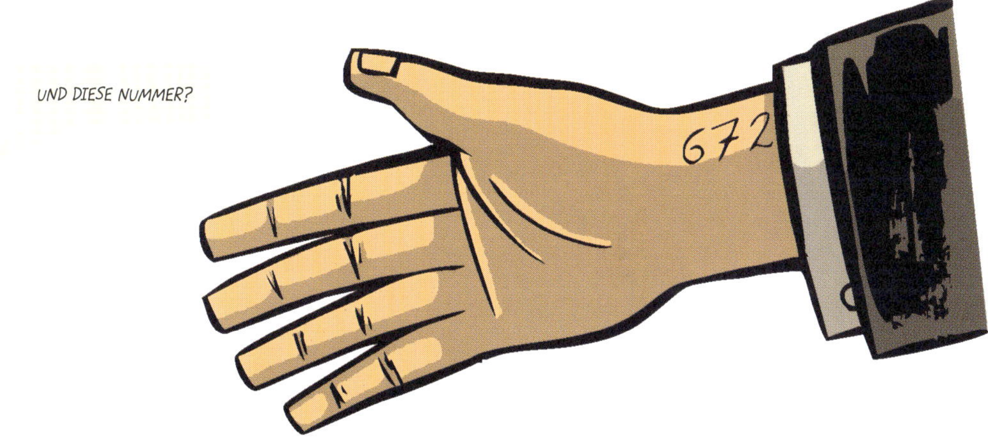
UND DIESE NUMMER?
672

DAS LAGER...
MEINE NUMMER...

SIE HABEN UNS NIE DIE NUMMER TÄTOWIERT. IN AUSCHWITZ, IN ANDERN LAGERN SCHON. IN MAUTHAUSEN NIE.

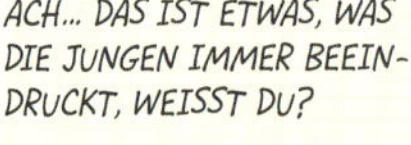
ACH... DAS IST ETWAS, WAS DIE JUNGEN IMMER BEEIN-DRUCKT, WEISST DU?

NA UND? ES IST JA NUR DAS IMAGE. DAS IMAGE VERKAUFT SICH. IST DOCH NICHT SO WICHTIG...

WARTE!

DIE KAPOS WURDEN VON DER SS AUSGEWÄHLT, ABER MAN MERKTE IHNEN EINE GEWISSE BEREITSCHAFT AN.
UNTER UNS WAREN SIE SCHLECHT ANGESEHEN. DIE MEHRZAHL WAR SEHR GRAUSAM. ALLES WAS MAN SAH WAR FOLTER UND ELEND.
SIE VERDIENEN WEDER RESPEKT NOCH MITLEID, WIE EINIGE UNS SPÄTER GLAUBEN MACHEN WOLLTEN.

BEFREIUNG

IM LAGER GAB ES GÜNSTLINGE DIE WUSSTEN, DASS DER KRIEG BALD ZU ENDE WAR.

ANFANG MAI 1945.

DIE MEHRHEIT VON UNS HINGEGEN WUSSTE NUR, WAS IM LAGER GESCHAH.
HE! SCHAU!
ZU ÜBERLEBEN WAR SCHON GENUG.

WAS IST DA LOS?
DU, KEINE AHNUNG. ABER ES IST SELTSAM, ODER?

WIR ERAHNTEN NUR ETWAS WEGEN DER ALLIIERTEN FLUGZEUGE.
WIR SAHEN, WIE DER POSTEN DER SS VON DER WIENER FEUERSCHUTZ-POLIZEI BESETZT WURDE...

VERDAMMT! UND JETZT?

...ABER WIR WAREN VERWIRRT, WIR WUSSTEN ÜBERHAUPT NICHTS.

UND DIE, WER SIND DIE?
WAS WEISS ICH?!

DER AUFTRAG DER SS AN DIE ÖSTERREICHER DIE GEFANGENEN ZU BEWACHEN, WAR DIESEN EINE NUMMER ZU GROSS.

SO DASS IHNEN DIE AUFGABE NACH UND NACH ENTGLITT...

...UND DIE LAGERINSASSEN ÜBERNAHMEN DIE KONTROLLE.

DAS GING SO WEIT, DASS MAUTHAUSEN NACH EIN PAAR TAGEN IN DEN HÄNDEN SEINER GEFANGENEN WAR.

ES WAREN SELTSAME TAGE DER VERWIRRUNG. NACH DEM ERLEBTEN TRAUTEN WIR KEINEM MEHR. WIR WOLLTEN NICHT EINMAL HINAUS AUS DEM LAGER.

WENN WIR AUF DIE MAUERN STIEGEN, SAHEN WIR DIE DEUTSCHEN KONVOIS HEIMWÄRTS FAHREN.
SIE KEHRTEN VON DER OSTFRONT ZURÜCK.

ABER WIR HATTEN KAUM MEHR INFORMATIONEN...

...ALS DIE UNANGENEHMEN GESTEN, DIE UNS DIE GESCHLAGENEN ZEIGTEN.

WAS MACHST DU??
DORT HIN,
HÖRST DU?
LASS MICH DAS MACHEN. DU WEISST NICHT, WIE DAS GEHT.

DAS GEHT SICH NIE AUS...
BITTE!! GEH DOCH WEM VON DER SS AUF DIE NERVEN.
WENN NUR IRGENDWER DA WÄRE...

UND WAS MALST DU DA IN DER MITTE?
HALLO, WER HAT HIER MIT JUAN TROCHUT GEARBEITET?
IST JA GUT, ICH SAG NICHTS MEHR. ES LEBE DER GROSSE TYPOGRAPH.

FERTIG!
HAB ICHS NICHT GESAGT?
DU BIST LÄSTIG. DAS IST JA HIER NICHT DAS GROSSE THEATER VON PARIS.

ALS TAGE SPÄTER...

...DIE TRUPPEN DER XI. PANZERDIVISION DER US-STREITKRÄFTE IN MAUTHAUSEN EINTRAFEN...

...WURDE IHNEN EIN UNGEWÖHNLICHER EMPFANG BEREITET.

LOS ESPAÑOLES ANTIFASCISTAS
THE SPANIARDS ANTIFASCIST
THE LIBERATING FORCES
5. MAI 1945.

LUDAN A LAS FUERZAS LIBERADORAS
UCПAHCKUE AHTUФАШИСТЫ
ПРUBETCTCAЛЮТ ОСВОБОДАUТЕЛЮ

PACO!

SIE SIND DA!
DIE AMERIKANER HABEN DAS LAGER BEFREIT!

ES IST VORBEI!

UND SO WAR ES.
ICH HABE ÜBERLEBT, JA. NACH VIER JAHREN UND NEUN TAGEN IN DIESER HÖLLE.

UND DU, WO WARST DU DIE GANZE ZEIT?
¡PIO!

DIE BEFREIUNG WAR EIGENARTIG.
WIR WOLLTEN NICHT HINAUS, WEIL WIR NIEMANDEM TRAUTEN.

WIR WUSSTEN NICHT, WAS HINTER DEN STACHELDRÄHTEN UND MAUERN VOR SICH GING.

ICH ERINNERE MICH WEDER AN FREUDE NOCH FAHNEN.

KEINE LOBGESÄNGE ODER ÜBERRASCHUNGEN.

GENAUGENOMMEN ERINNERE ICH MICH KAUM AN DIESEN TAG.

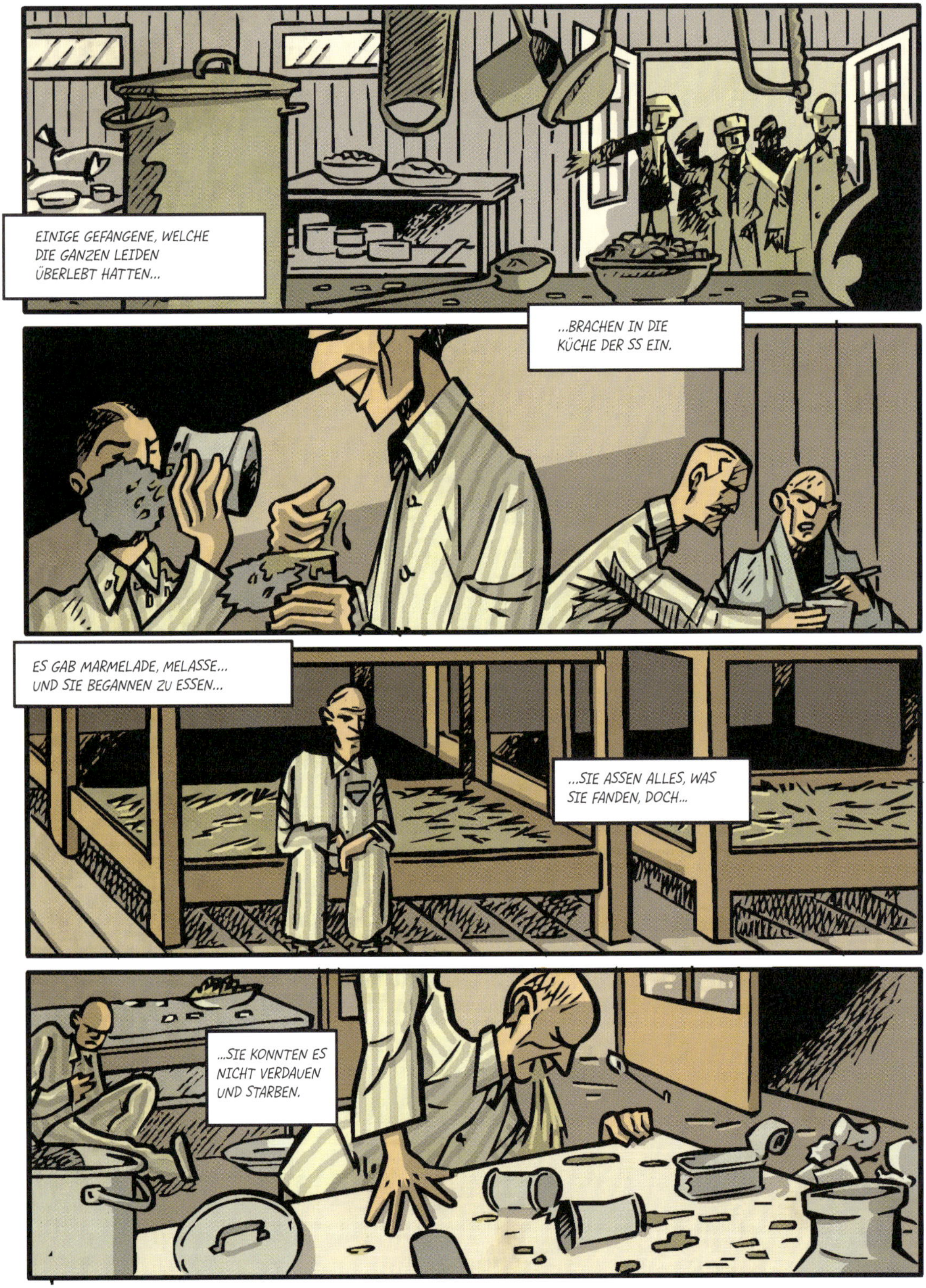

EINIGE GEFANGENE, WELCHE
DIE GANZEN LEIDEN
ÜBERLEBT HATTEN...

...BRACHEN IN DIE
KÜCHE DER SS EIN.

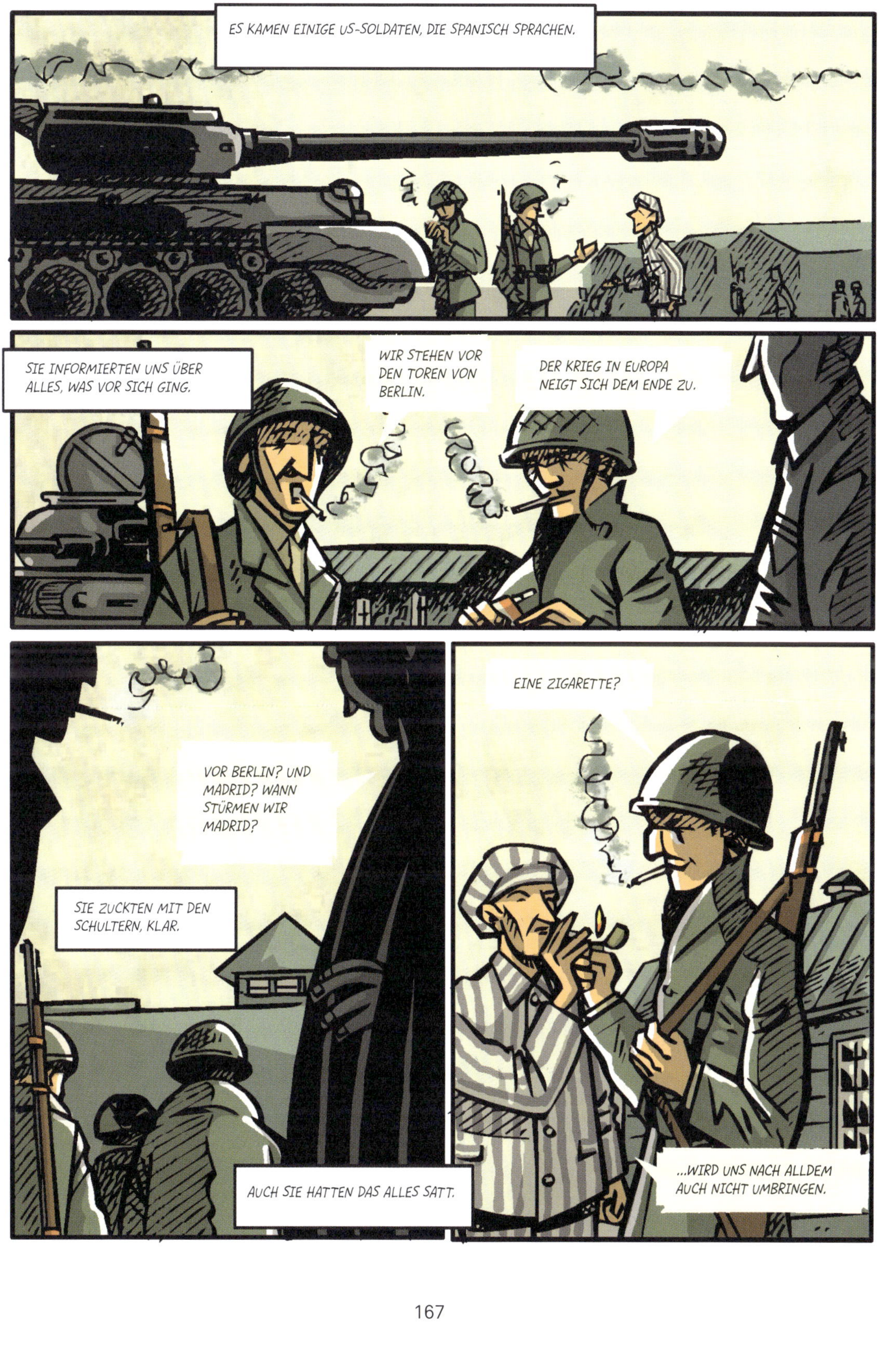

VOR BERLIN? UND MADRID? WANN STÜRMEN WIR MADRID?

SIE ZUCKTEN MIT DEN SCHULTERN, KLAR.

AUCH SIE HATTEN DAS ALLES SATT.

EINE ZIGARETTE?

...WIRD UNS NACH ALLDEM AUCH NICHT UMBRINGEN.

ES WAR ALLES VORBEI.
ZUALLERERST WOLLTEN WIR WIEDER GEHEN KÖNNEN...

WIR KONNTEN NICHT EINMAL MEHR UNSERE FÜSSE EINIGERMASSEN BEWEGEN.

WIR LERNTEN ERNEUT UNTER LEUTEN ZU SEIN.
WIR WAREN GEZÄHMTE TIERE UND MUSSTEN UNS ÄNDERN.

ES WAR EINFACH SO: WIR WAREN ZU MENSCHLICHEM ABFALL GEWORDEN.

DAS LETZTE ALLER KONZENTRATIONSLAGER,
DAS BEFREIT WURDE, WAR MAUTHAUSEN.

ALS DIE ALLIIERTEN KAMEN, FANDEN SIE AN
DER TÜR DES KREMATORIUMS ZAHLREICHE
LEICHEN VON GEFANGENEN.
Krematorium

DEN DEUTSCHEN BLIEB KEINE ZEIT DIESE
NOCH VOR DER FLUCHT ZU BESEITIGEN.

DIE AMERIKANER BESCHLOSSEN, DIE BEWOHNER DER NAHEGELEGENEN DÖRFER INS LAGER ZU FÜHREN, DAMIT SIE DIE GRÄUEL SAHEN, DIE HIER JAHRELANG VERÜBT WURDEN.

DIE ÖSTERREICHER UND DIE FESTGENOMMENEN DEUTSCHEN MUSSTEN EIN RIESIGES MASSENGRAB AUSHEBEN.

DORT WURDEN MEHR ALS ZEHNTAUSEND LEICHEN BEGRABEN.
DAS WAR EIN MAKABERES FANAL DIESER GRÄUEL.

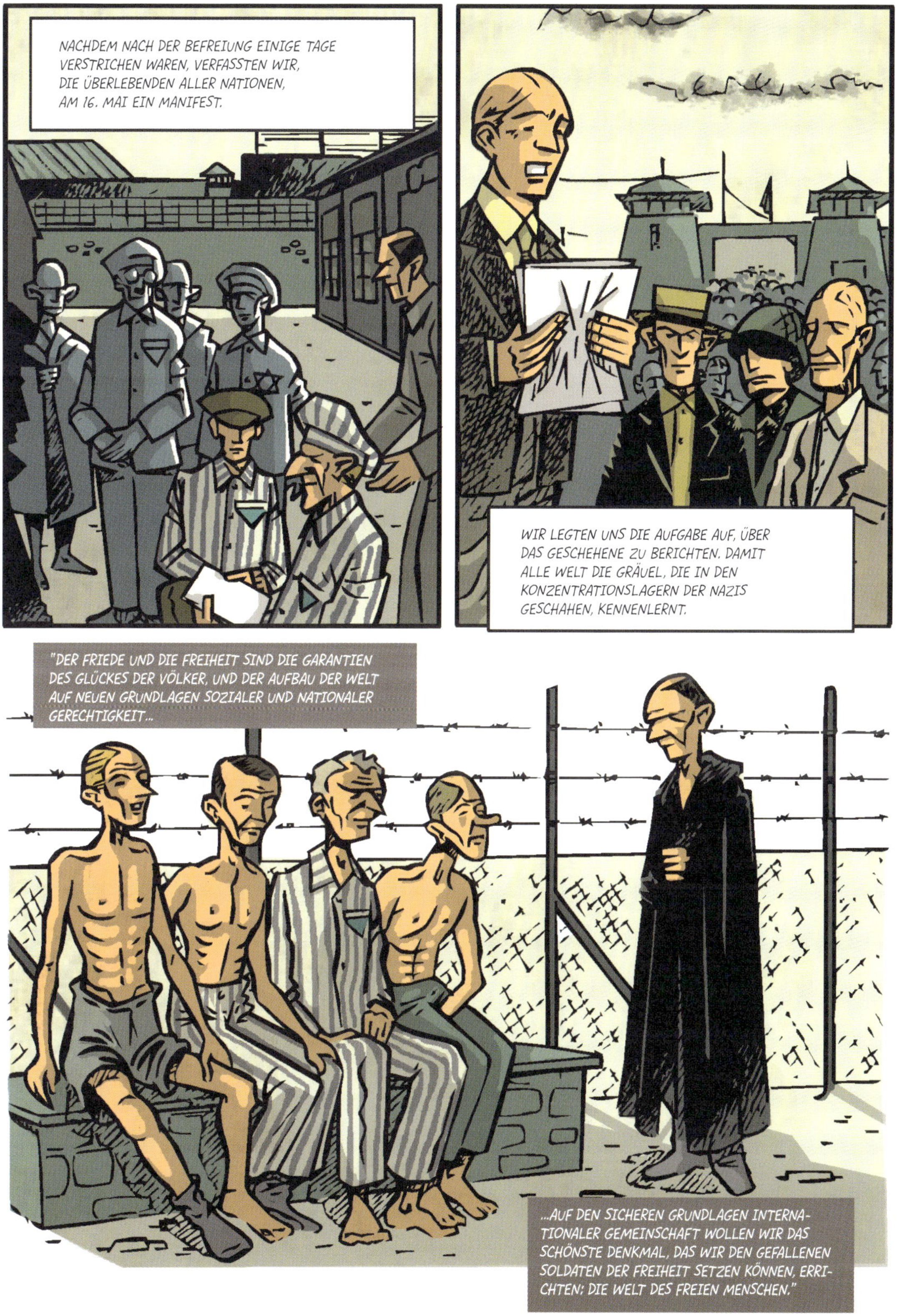

"DER FRIEDE UND DIE FREIHEIT SIND DIE GARANTIEN DES GLÜCKES DER VÖLKER, UND DER AUFBAU DER WELT AUF NEUEN GRUNDLAGEN SOZIALER UND NATIONALER GERECHTIGKEIT...

...AUF DEN SICHEREN GRUNDLAGEN INTERNATIONALER GEMEINSCHAFT WOLLEN WIR DAS SCHÖNSTE DENKMAL, DAS WIR DEN GEFALLENEN SOLDATEN DER FREIHEIT SETZEN KÖNNEN, ERRICHTEN: DIE WELT DES FREIEN MENSCHEN."

JUGOSLAWISCHE AUTOBUSSE.

WIR WERDEN HIER IMMER WENIGER.
ZUMINDEST HABEN WIR MEHR PLATZ IN DEN BETTEN.
BETTEN? WANN HAST DU ZULETZT EIN BETT GESEHEN?

WERDEN SIE UNS ABHOLEN?
WER? FRANCO?
HA, HA, HA!

HA, HA, HA!
HI, HI, HI!
HA, HA!
HA, HA, HA!

HO, HO, HO!
HA, HA, HA!
HUA, HUA, HUA!
HI, HI, HI!
HA, HA, HA!

ZIVILLEBEN

WIR WURDEN MIT MILITÄRFLUGZEUGEN NACH FRANKREICH GEBRACHT.
30. MAI 1945.
DIE MILITÄRISCHEN UND POLITISCHEN ORGANISATIONEN...
...EMPFINGEN UNS MIT DER IN SOLCHEN MOMENTEN GEBOTENEN AUFMERKSAMKEIT.
WIR WURDEN WIEDER BÜRGER IN UNSEREM ZWEITEN VATERLAND.
WIR WURDEN NOCH VOR DEN KRIEGSGEFANGENEN BETREUT, DA WIR UNS IN EINEM JÄMMERLICHEN ZUSTAND BEFANDEN.

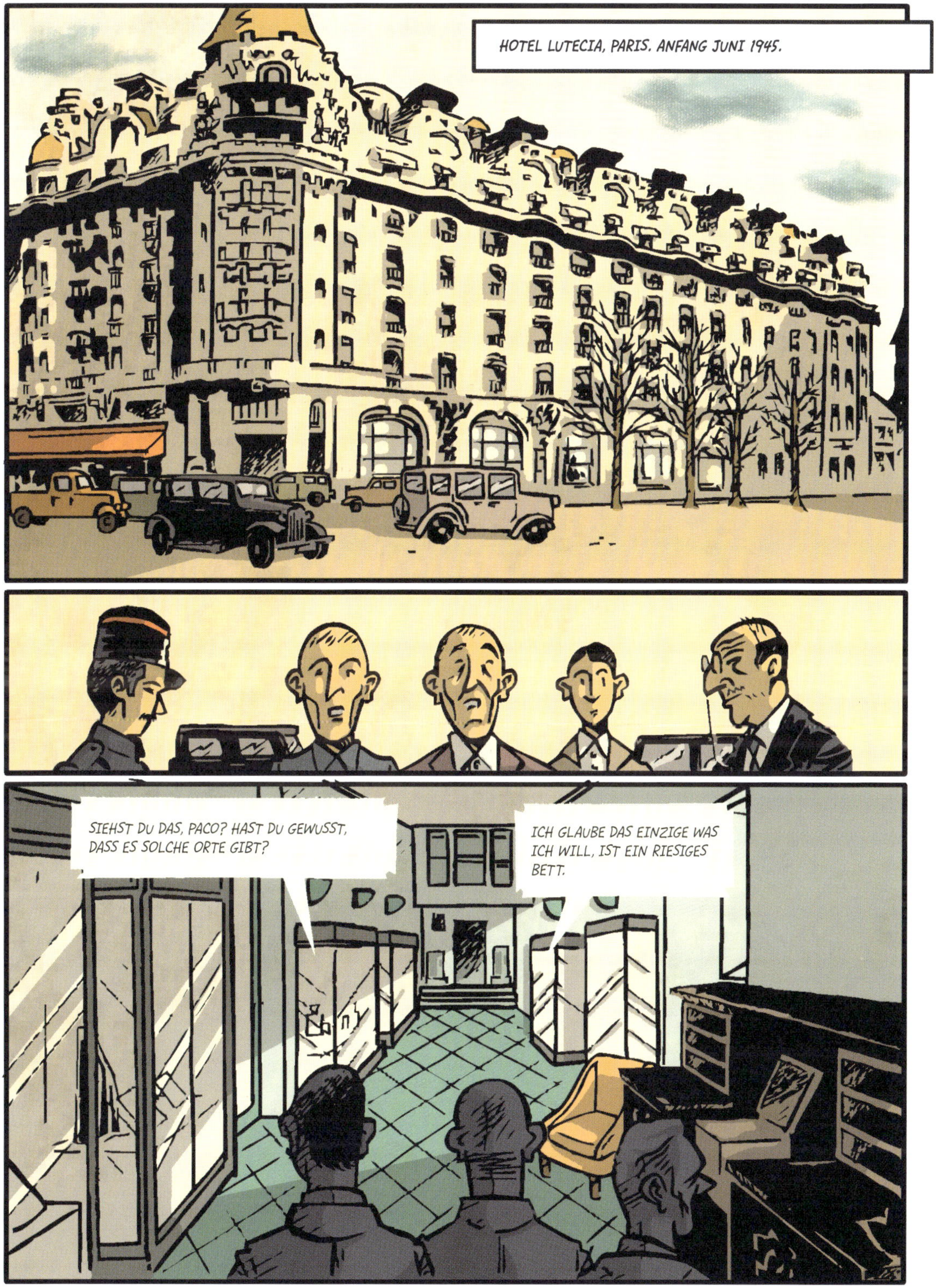

HOTEL LUTECIA, PARIS. ANFANG JUNI 1945.

HOTEL LUTETIA

ET

RESTAURANT

SQUARE DU BON MARCHÉ – 43 BVD RASPAIL

PARIS

A PROXIMITÉ DU SÉNAT DE LA CHAMBRE DES DÉPUTÉS
DES GRANDES FACULTÉS ET DU PALAIS DE JUSTICE

OUVERT FIN DÉCEMBRE 1910

DERNIÈRE INSTALLATION HYGIÉNIQUE ET SANITAIRE

Le MAXIMUM du confort et du bien-être pour le MINIMUM de dépense

NACH DER GENESUNG DURCH DIE PFLEGE DER FRANZÖSISCHEN REGIERUNG, WURDE FRANCISCO AURA VON VERWANDTEN,, DIE VOR JAHREN NACH SÜDFRANKREICH EMIGRIERT WAREN, EINGELADEN.
ER NAHM AN. ER WÜRDE BEI DER FAMILIE SEIN, UND NÄHER AN SPANIEN. AM 18. JUNI VERLIESS ER DAS HOTEL LUTECIA.
CAMPLONG (LANGUEDOC) SÜDFRANKREICH ENDE JUNI 1945.

WIR HABEN DIR EINE ARBEIT BESORGT. NICHTS BESONDERES ABER...
ES IST NUR VORÜBERGEHEND.

SICHER WERDEN WIR BALD ETWAS ANDERES FINDEN...

IN DER NÄHE VON BEZIERS.

WAS MACHT IHR FÜR GESICHTER? ES IST GUT. WIRKLICH. MACHT EUCH KEINE SORGEN.

ES WAR EINE ARBEIT
IM BERGWERK.

WÄHREND DER ACHT JAHRE, DIE
ICH DORT VERBRACHTE, FAND ICH
VIELE FREUNDE.

EINIGE STARBEN BEI DER ARBEIT, ANDEREN BLIEB EINE BEHINDERUNG.
ES GAB SELTEN EINEN TAG OHNE UNFALL. DESHALB SCHWEISST
DIE ARBEIT IM BERGWERK ZUSAMMEN.

ICH FAND ECHTE ARBEITSKOLLEGEN
MIT EINER BEMERKENSWERTEN
MENSCHLICHKEIT.
ES IST EINE EIGENE WELT,
DIE VIELE NIE ERLEBEN
ODER VERSTEHEN WERDEN.

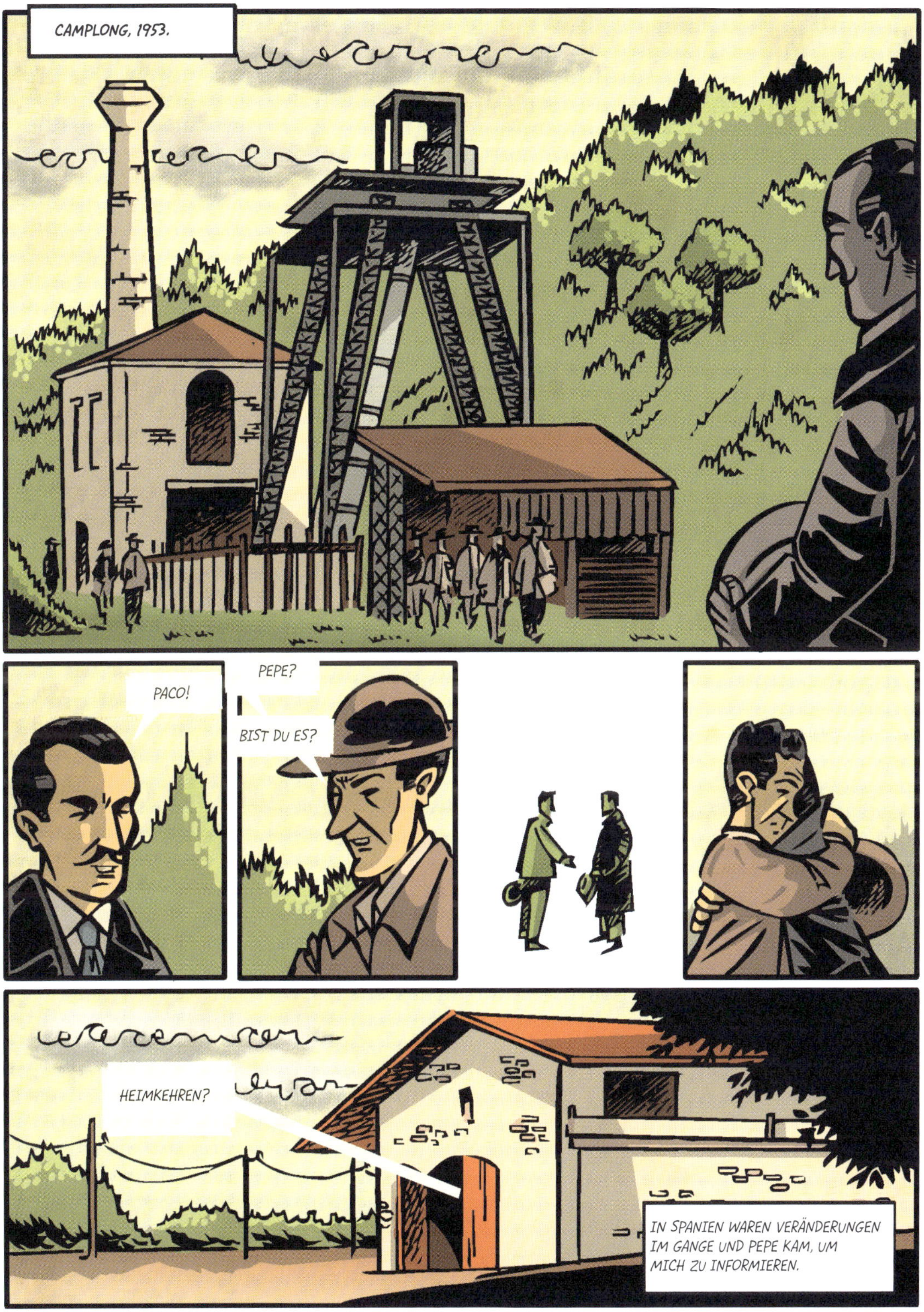

CAMPLONG, 1953.

DIE SITUATION IM LAND VERÄNDERT SICH. SEIT ACHT JAHREN SIND FRANCOS VERBÜNDETE VERSCHWUNDEN...

DAS REGIME BRAUCHT EINE GESICHTSWÄSCHE. SIE WOLLEN DEN ALLIIERTEN EINE ERNEUERUNG VORSPIELEN.

ES WIRD EINE GROSSE AMNESTIE VORBEREITET, FÜR ALLE, DIE ZURÜCKKEHREN WOLLEN.

ICH HABE EINE KLEINE TEXTILFIRMA. ICH GENIESSE ANSEHEN BEI DEN AUTORITÄTEN, ICH KÖNNTE DICH ANSTELLEN... NEU ANFANGEN...

DENK DARÜBER NACH! ICH WARTE AUF DEINE ANTWORT.

JEDENFALLS, DANKE FÜR DEIN KOMMEN.
JEDENFALLS, DANKE FÜR DEIN ÜBERLEBEN.

AM 21. JULI 1953, SIEBZEHN JAHRE NACH SEINEM AUFBRUCH, KEHRT PACO AURA ENDLICH NACH HAUSE ZURÜCK.

WÜRDE

EIN NEUES LEBEN ERWARTETE IHN, EIN LEBEN IN DER WIRKLICHKEIT.
SIND SIE ALSO EINER JENER AUSSERGEWÖHNLICHEN PERSONEN DURCH IHR HANDELN IM LAGER, HERR AURA?

AUSSERGEWÖHNLICH?
NEIN, DAS GLAUBE ICH NICHT.
ICH HATTE GLÜCK.

ICH VERLOR MEINE JUGEND...
...ABER ZUGLEICH HALFEN MIR VIELLEICHT MEINE JUGEND, MEINE SPORTLICHKEIT UND MEINE ERFAHRUNGEN IN DEN FRANZÖSISCHEN LAGERN, MEIN LEBEN ZU RETTEN.
ICH KAM NACH MAUTHAUSEN AUS EINER SCHWIERIGEN LEBENSPHASE, JENEN, DIE VON ZU HAUSE KAMEN, AUS DEM ZIVILLEBEN, FIEL ES VIEL SCHWERER UND NUR WENIGE ÜBERLEBTEN, OHNE KAPO ODER PFLEGER ZU WERDEN.

MEIN GRÖSSTER STOLZ IST ES, ÜBERLEBT ZU HABEN OHNE JEMANDEN ZU HINTERGEHEN ODER JEMANDEM ZU SCHADEN.
DAS IST ALLES.

2014 WIDMETE DIE GEMEINDE ALCOY JENEN ZWEIUNDZWANZIG EINWOHNERN, DIE NACH MAUTHAUSEN DEPORTIERT WURDEN, EINE BRÜCKE.
SIE WURDE NACH FRANCISCO AURA BORONAT BENANNT.

"DIE LAGER DER NAZIS ZU ÜBERLEBEN, OHNE SEINE EIGENE MORAL ZU VERLEUGNEN, WAR, WENN NICHT MÄCHTIGEM UND DIREKTEM EINFLUSS DES SCHICKSALS GESCHULDET, NUR WENIGEN HÖHEREN INDIVIDUEN, DIE AUS DEM HOLZ DER MÄRTYRER UND HEILIGEN GESCHNITZT WAREN, GEGÖNNT."
PRIMO LEVI. ÜBERLEBENDER VON AUSCHWITZ-BIRKENAU.

Mindestens 90.000 Menschen
verloren in Mauthausen ihr Leben.

Von den über 7.000 republikanischen
spanischen Häftlingen wurden
mehr als 4.200 ermordet.

Francisco Aura Boronat war der
letzte noch lebende der etwa 2.800 aus
Mauthausen befreiten Spaniern.
Er verstarb am 27. November 2018, kurz
vor seinem 100. Geburtstag.

CARMEN AURA

Es ist schwer, in wenigen Worten zusammenzufassen, was mich im Leben geprägt hat. Welche Gewichtung legen? Sicher vergesse ich eine Menge. Als ich ein Kind war, war der Schatten der Diktatur noch lange. Man sprach noch von den Roten und den Nationalen, von Siegern und Besiegten, und das besonders in einer Stadt wie Alcoy, wo jeder jeden kannte. Bei alldem lebten wir in der Familie ganz am Rand der politischen Realität des Landes. Nie sprach man über Politik, niemals fielen Kommentare. Es war einfach so, als ob das Leben außerhalb unseres Alltags und unserer Familie keine Bedeutung hätte.

Natürlich wussten wir, dass unser Vater im Bürgerkrieg gekämpft hatte, dass er aus Spanien fliehen musste, dass er in den Zweiten Weltkrieg verwickelt wurde, dass er ins Konzentrationslager Mauthausen kam, und dass er außerdem alles aushielt, von dem ein Mensch glaubt, es niemals ertragen zu können. Da waren auch die «Cousins», die französische Familie, die ihn aufnahm, als er aus dem Lager entlassen wurde und nicht nach Spanien zurückkehren konnte. Vor allem die Mutter der Familie, an die mein Vater sich mit Liebe erinnert, wie sie ihn heilte und pflegte, als er so krank aus dem Lager kam und wie sie ihn in eine gewisse «Normalität» zurückholte.

All das erzählte er in einer natürlichen Weise. Er machte es ohne Wut, ohne Bitterkeit, ohne Groll, und deshalb wurde uns das Ausmaß des Geschehenen nie völlig bewusst. Wir stellten es uns vor, aber ich muss rückblickend sagen, dass zumindest ich es nicht als so schrecklich empfand, wie es tatsächlich war.

Was er am meisten beklagt, ist seine Jugend verloren zu haben; er fügte sich in das Unvermeidliche, das für sein Leben bestimmt war. Er akzeptierte es, weil er weiter nach vorne schauen wollte. Er nahm es an, ohne sich zu ergeben. Ich erinnere mich, als ich klein war, ihn immer bei der Arbeit gesehen zu haben und wie es ihm im Beruf nach und nach besser erging.

Ich erinnere mich auch an einen Moment, in dem er sich enttäuscht fühlte. Es war am Beginn der Demokratisierung. Er dachte, dass man ihn und jene, die wie er für die Verteidigung der legitimen Regierung gekämpft hatten, rechtlich mit jenen gleichstellen würde, die auf der anderen Seite gekämpft hatten und die seit vielen Jahren anerkannt waren. Aber diese staatliche Geste kam wieder nicht zu Stande. Ich versuchte zu relativieren und sagte

ihm, dass er das nicht nötig habe und es nicht wichtig sei. Er meinte, darum gehe es nicht, es sei nicht gerecht und es könne sein, dass andere es schon nötig hätten.
Später, bereits in den 1990er Jahren, begann er zu schreiben. Er traf mit anderen Deportierten zusammen und begann in verschiedenen Medien zu berichten, was er erlebt hatte, damit es, so wie sie es beim Verlassen des Konzentrationslagers geschworen hatten, nicht in Vergessenheit gerate und so vermieden werde, dass ähnliches wieder geschehen könne. Und er erzählte es immer genau so wie er es erlebt hat. Ich habe ihn unendliche Male erzählen gehört und immer, in all den Jahren, erzählte er es auf die gleiche Weise. Er hat nichts größer gemacht und nichts hinzugefügt. Deshalb glaube ich, hatte sein Zeugnis immer so viel Wert. Ich denke, er hat den gemeinsamen Schwur eingehalten.
Wir alle, zumindest die Meisten, wollen unsere Eltern, wenn sie älter werden, in die Arme schließen. Ich glaube, dass mein Vater in der Jugend, in der wir alle am meisten der Umarmungen bedürfen, zu wenig in die Arme genommen wurde. So versuche ich ihm zu vermitteln, was ich empfinde, damit er merkt, wie sehr ich ihn liebe um so all das ein wenig auszugleichen.
Es war zum 60. Jahrestag des Endes des Zweiten Weltkrieges und der Befreiung der Gefangenen der Konzentrationslager, schon während der Demokratie in Spanien, als ihm die höchste Anerkennung von Seiten des Rathauses, der Universität, der Autonomieregierung und der Gesellschaft zu Teil wurde. In seiner Geburtsstadt wurde auch eine wichtige Brücke mit seinem Namen benannt. Dies hat ihn zusammen mit dem laufenden Dank vieler Leute getröstet, entschädigt, und ihm Frieden gebracht.
Bleibt zum Schluss zu sagen: Wer meinen Vater kennt weiß, dass er vor allem ein guter Mensch ist, der mit Würde immer für das gekämpft hat, was er als gerecht empfunden hat. Für mich ist sein Leben eine Lehre fürs Leben.

JAVIER AURA

Die Erfahrung meines Vaters in Mauthausen schwebte immer über unserer Familie. Es ist nicht möglich, ein Erlebnis von solcher Eindringlichkeit abzulegen. Man überlebt eine Deportation, aber sie begleitet einen für den Rest seines Lebens. Doch obwohl wir das so erlebten, weigerte ich mich lange, mich dem Schicksal meines Vaters zu stellen. Ich wollte nichts von seinem Leiden wissen ...

Ich brauchte viele Jahre, bis ich das Lager besuchte. Als erste von uns Kindern besuchte Luci Mauthausen. Sie fuhr mehrmals dorthin und drängte uns, sie zu begleiten. Danach entschloss sich Carmen hinzufahren und fragte mich nach meiner Meinung. Ich blieb bei meiner Verweigerung, ich wollte den Ort, an dem mein Vater seine Jugend verlor, nicht sehen. Aber kurz vor ihrer Abreise änderte ich meine Meinung und begleitete sie.

Es ist nicht leicht einen solchen Ort zu besuchen. Weniger noch, wenn eine geliebte Person dort gelitten hat. Schon die Ankunft am Bahnhof war ein Erlebnis. Dort, im Durcheinander der Geleise und mit einem guten Teil der Gebäude im selben Zustand wie während des Krieges, stellte ich mir vor, wie das Aussteigen aus den Wagons nach drei langen Tagen des Transports gewesen sein musste. Die Hunde, die SS, die Schreie, die Schläge, die Verlorenheit ... Und alles, ohne zu wissen warum. Ich stellte mir vor, was es für meinen Vater (und so viele andere) bedeutet haben musste, an diesen Ort gebracht zu werden, ohne nach seiner Meinung gefragt zu werden. Wir fuhren dann zum Lager hinauf, mit einem Autobus, nicht zu Fuß, wie die Häftlinge. Plötzlich, wie aus dem nichts, tauchte die makabere Silhouette von Mauthausen vor uns auf. Ich war wie gelähmt. Ich konnte nicht aus dem Bus aussteigen. Meine Gefühle sind nicht leicht zu beschreiben. Diese Masse aus Steinen, die Stacheldrähte, die Wachtürme ... Meine Schwester sprach mich an, ich sagte ihr, dass ich erst Luft holen müsse ... Tief Luft holen, wie damals mein Vater.

Er überlebte das alles schon irgendwie, mit seinen Leiden, seinen Ängsten, seiner Beharrlichkeit ... Aber Überleben heißt nicht Leben, und er fing nicht wieder an zu leben, bis er nach seiner Rückkehr nach Spanien meine Mutter kennenlernte. Für mich ist sie der wahre Grund dafür, dass er – ein Deportierter aus Mauthausen – heute eine glückliche Person ist. Sie ist immer an seiner Seite, in seinem Schatten. Auf einfache Art, immer das Familiengleichgewicht wahrend, unterstützte sie einen Mann, der eine schmerzhafte

Erfahrung hinter sich hatte und der von neuem erlernen musste zu leben und zu lieben. Das ist ihr Verdienst und mein Vater weiß das. Das geht so weit, dass er sie nicht überleben will. Er sagt, sein Leben ist meine Mutter und ohne sie hätte es keinen Sinn. Und wenn er so spricht, so überzeugt von seinen Worten, wenn er so mit Beharrlichkeit seine Liebe zu dieser Frau zeigt, die ihm half aus der Hölle zurückzukehren, dann schließe ich ihn fest in meine Arme. Und dabei brauchte ich lange, um meinen Vater umarmen zu können. Ich habe keine kindlichen Erinnerungen daran. Er liebt uns wie nichts auf der Welt, aber er hatte immer Schwierigkeiten, das auch körperlich zu äußern. Seine Rauheit ist Folge seiner Erlebnisse. Erst nach einem Kurs im Rahmen meiner beruflichen Ausbildung, indem die verschiedenen Arten Liebe zu zeigen analysiert wurden, nahm ich mir vor allen Teilnehmern vor, dass ich keinen Tag mehr ohne Umarmung auskommen will. Das war meine Aufgabe.

Als ich nach Hause kam, trat ich ihm gegenüber und bat ihn um die Umarmung, auf die ich so viele Jahre gewartet hatte. Verblüfft willigte er ein. Das erste physische Treffen war trocken, aber langsam, mit dem Verstreichen der Sekunden wurde er zarter, bis ich diesen Kontakt spürte, auf den ich so lange gewartet hatte. Wenn ich sage, das war einer der glücklichsten Tage meines Lebens, dann ist das nicht gelogen.

Jetzt bin ich durch die Familienverhältnisse (meine Schwestern leben in anderen Städten) derjenige, der meinen Eltern am nächsten ist. Ich besuche sie fast täglich und erfreue mich der Lebendigkeit eines Mannes, der mit seinen fast 100 Jahren ein Leben lebt, das ihm beinahe geraubt worden wäre. Und er lebt es in einem Körper, der bis zu den Grenzen der menschlichen Widerstandsfähigkeit unwahrscheinlich gelitten hat. Und obwohl er sein Überleben dem puren Glück zuschreibt, bin ich sicher, dass es damit allein nicht möglich war, eines der größten Gräuel der Menschheitsgeschichte zu überstehen.

Deshalb, aber vor allem weil er mein Vater ist, schließe ich ihn jetzt bei jeder sich bietenden Gelegenheit in die Arme.

LUCÍA AURA

Schon als ich noch ziemlich klein war, war in unserem Haus von den Konzentrationslagern die Rede. Zuerst verstand ich nicht recht, was damit gemeint war. Und noch heute verstehe ich nicht: Warum? Warum gab es sie? Warum ließ man zu, dass so etwas geschah? Warum starben Millionen Menschen in den Lagern, nur weil sie anders dachten, einer anderen Religion oder Ethnie angehörten? Warum war mein Vater dort? Es gibt vieles, was ich immer noch nicht verstehe.

Ich habe meinen Vater immer darüber sprechen gehört. In einer ruhigen Art, ohne Hass oder Groll, aber mit der festen Überzeugung, dass man kennenlernen müsse, was dort geschehen ist, damit es nie wieder passieren kann. Natürlich war das Leben meines Vaters für immer davon geprägt, aber in gewisser Weise auch meines und das unserer Familie.

Ich nehme an, dass mein Vater und seine Art das Leben zu sehen, seine Art zu sein und zu handeln, mein Leben beeinflusst haben und mich zu dem machten, was ich heute bin. Er war immer ein positiver Mensch mit einer enormen Lebenslust, nie gab er sich geschlagen. Er hat uns gelehrt, dass man die Jugend genießen soll, da er sie vollkommen verloren hatte; dass man solidarisch sein und allen helfen soll; dass Hass, Groll und Neid nichts bringen, außer uns Schmerzen zu bereiten und Zeit zu verlieren; dass man der Freund unserer Freunde sein und versuchen soll, anderen kein Leid zuzufügen; dass man für seine Ziele kämpfen soll und mit Anstrengung und Ausdauer alles erreicht werden kann.

Ich kann mir vorstellen, dass Sie glauben, es wäre die Tochterliebe, die mich so über meinen Vater sprechen lässt. Aber ich glaube, alle die ihn kennen, werden nichts anderes sagen.

Natürlich ist er eine charakterlich und körperlich starke Person, sonst wäre er nicht lebend aus diesem Lager herausgekommen, obwohl er einschränkt: «Ich habe nicht überlebt, weil ich tapferer gewesen bin, sondern weil ich mehr Glück hatte.»

Wenn in meinem Leben etwas schlimmes passiert oder ich in eine schwierige Situation komme, denke ich mir: Warum soll ich das nicht überstehen, wenn mein Vater Mauthausen überlebt hat? Und ich war davon überzeugt, kein Recht zu haben aufzugeben oder mich jemals geschlagen zu geben.

Als wir meinen Vater fragten, ob er wolle, dass diese Graphic Novel über seine Geschichte geschrieben wird, zeigte er sich am Anfang skeptisch. Er glaubte nicht, dass man etwas so ernstes in der Form eines Comics erklären könne oder solle, so wie er damals Comic verstand. Aber die Idee, dass damit die Geschehnisse der Lager an ein junges Publikum vermittelt werden könnten, welches auf andere Art vielleicht nie erreicht werden würde, ließ ihn zustimmen. Denn er ist auch heute mit seinen fast 100 Jahren immer noch dem Schwur treu, den die Überlebenden leisteten, damit die Ereignisse nie vergessen werden. Wie die meisten Menschen ihren eigenen Vater, verehre ich meinen Vater, und außerdem bewundere ich ihn dafür, wie er ist und was er ist: Eine große Persönlichkeit.

Francisco Aura vor dem Krieg

Francisco Aura nach der Befreiung mit Kumpeln vor dem französischen Bergwerk

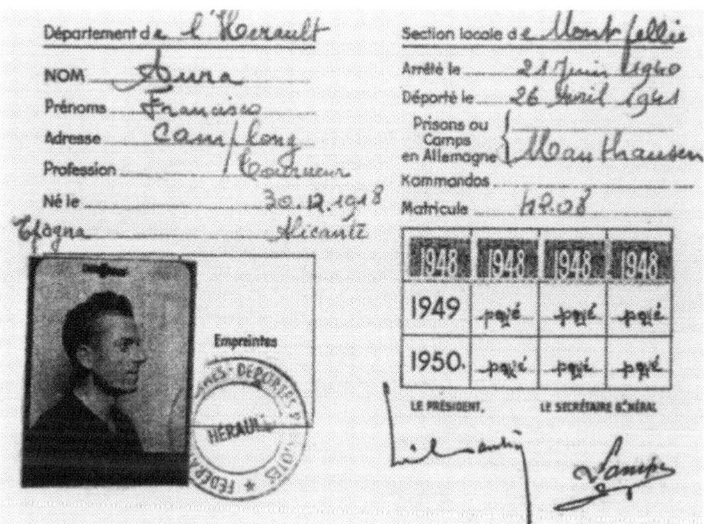

Département de l'Herault
NOM Aura
Prénoms Francisco
Adresse Camplong
Profession Couturier
Né le 30.12.1918
Espagna Alicante

Empreintes

Section locale de Montpellier
Arrêté le 21 Juin 1940
Déporté le 26 Avril 1941
Prisons ou Camps en Allemagne Mauthausen
Kommandos
Matricule 4208

1948	1948	1948	1948
1949	payé	payé	payé
1950.	payé	payé	payé

LE PRÉSIDENT, LE SECRÉTAIRE GÉNÉRAL

Deportationskarte der französischen Regierung

Francisco Aura im Kreis seiner Familie und Freunde

Francisco Aura Boronat, geboren am 30. Dezember 1918 im spanischen Alcoy, einer kleinen Industriestadt in der Nähe von Valencia. Er meldete sich mit 17 Jahren zu den Republikanischen Milizen und verteidigte die Republik gegen den faschistischen Militärputsch, erlebte den Krieg, eine Zeit der Flucht und die Arbeit an der Maginot-Linie, bevor er in die Hände der Deutschen fiel, die ihn nach der Inhaftierung in verschiedenen Gefängnissen nach Mauthausen deportierten. Nach über 20 Jahren im Krieg, im Lager und im Exil kehrte er in seine Heimatstadt zurück, heiratete und bekam drei Kinder. Francisco Aura Boronat verstarb am 27. November 2018.

Jordi Peidro, geboren 1965 in Alcoy, ist Grafiker, Illustrator, Comiczeichner und Autor. Er verfasste Theaterstücke, Comics, Graphic Novels, Kurzgeschichten und Krimis.